DENKEND AAN

BOEKHOUDERS

DENKEND AAN

BOEKHOUDERS

DOOR
JAN PRINS

COLOFON

www.janprins.com

Colofon:

Druk: januari 2016

Uitgever: Jan Prins www.lulu.com/janprins
© 2016 Jan Prins (Standaard Copyright Licentie)
www.janprins.com
Omslagbeeld: Fotolia 69332579

ISBN / EAN: 978-90-823961-6-4 Paperback
NUR: 784

Voor Willy

Ga niet daarheen waar je sporen je leiden,
maar ga je weg en laat een spoor na!

INHOUD

VOORWOORD

Waarom dit boek?

Hoe is het toch mogelijk dat de vorming van één Europa met het doel om nieuwe oorlogen te voorkomen uitmondt in steeds meer onvrede, ja zelfs opstand?

Het antwoord ligt maar in één woord: EURO!

Want sinds het bestaan van de Europese Unie en haar Euro ervaren we als Nederlanders dagelijks hoe de economie aan het veranderen is, het lijkt wel of het steeds moeilijker wordt om als land en vooral als burgers te overleven in een krimpende economie.

Is dit nu een subjectief gevoel of is dit een werkelijkheid die ons steeds meer in de greep krijgt?

Juist dat willen we nagaan en daar proberen we in dit boek een antwoord op te geven.

En als het dan zo is, kan er dan nog wat aan gedaan worden? Ook dat komt aan de orde!

Dit alles willen we doen zuiver vanuit financieel economische kaders en willen andere elementen die de Euro en Europa bedreigen zoveel mogelijk buiten beschouwing laten. Dat zijn elementen die een ander boek rechtvaardigen.

De economie is op zich al reden genoeg, want het is het

element dat de Euro en de Europese Unie van binnenuit bedreigt, de andere factoren als het vluchtelingen vraagstuk, de Oost-West politiek, de uitbreiding met meer landen etc. zijn meer externe oorzaken.

We proberen kortom na te gaan of er misschien sprake is van een weeffout bij de realisatie van de Europese Unie en de Euro, die schijnbaar onontkoombaar haar te gronde zal richten.

Het is geen vrolijk onderwerp, maar het gaat ons allemaal aan!

Daarom hoop ik dat het boek u zal helpen bij uw mening over Europa en de Euro.

Veel leesplezier!

Jan Prins

1
EUROPA: DROOM OF WERKELIJKHEID?

""Frankrijk en Duitsland hebben uit de geschiedenis geleerd. Europa is ons gezamenlijke vaderland. Daarom hebben we veertig jaar geleden onze broederstrijd beëindigd en zijn we begonnen gezamenlijk aan onze toekomst te bouwen", zo stelden de Franse president Mitterrand en de Duitse bondskanselier Kohl in 1984.

Maar het beeld dat hun ontmoeting opleverde, maakte veel meer indruk. Op het voormalige slagveld bij Verdun herdachten beide mannen de Eerste Wereldoorlog, 68 jaar nadat Frankrijk en Duitsland daar in een paar maanden zevenhonderdduizend militairen hadden verloren. In de eindeloze loopgraven, in de modder, zinloos gedood!

Voor het knekelhuis met de beenderen van meer dan honderdduizend soldaten legden ze een krans, waarna ze elkaars hand grepen en langdurig in de stromende regen stonden. Ze veranderden Verdun daarmee van symbool van haat in symbool van verzoening." [1]

Helmut Kohl en François Mitterrand staan hand in hand bij de herdenking van de slag bij Verdun op 22 september 1984. [2]

Dit beeld op de slagvelden van Verdun zegt meer dan duizend woorden en is de apotheose van de ontwikkeling die plaats vond na de Tweede Wereldoorlog, waarin beide landen opnieuw met elkaar een bittere strijd voerden.

Na twee wereldoorlogen zag men maar één oplossing om opnieuw een oorlog in Europa te voorkomen en dat was samenwerking en zo mogelijk een integratie van alle landen. Men wilde niet opnieuw de fout maken die na de Eerste Wereldoorlog was gemaakt door herstelbetalingen van de vijand te vragen zoals in het verdrag van Versailles was afgedwongen en die uiteindelijk de oorzaak was van de Tweede Wereldoorlog.

In plaats daarvan wilde men tot een eenheid in Europa komen door een vrij verkeer van personen, goederen en diensten tussen de landen te realiseren, waarbij de grenscontrole niet meer nodig zou zijn.

Op die manier kon de economie sterker groeien dan elk land afzonderlijk en als totaal gebied zou men een markt worden die vergelijkbaar was met de Amerikaanse markt. Een markt waar men rekening mee moest houden.

Dat was een lange weg die afgelegd moest worden waarbij vooral de verhouding tussen de tegenstanders van de oorlog cruciaal was. Vooral Frankrijk en Duitsland die voor de twee wereldoorlogen al zovele oorlogen hadden gevoerd en zich hadden verschanst achter elk hun eigen linie met bunkers, schier onneembaar. Dat waren de Maginotlinie en de Westwall.

Symbolisch moesten die eerst geslecht worden voordat men elkaar kon vinden. De politici van beide landen hebben daar een grote en beslissende rol in gespeeld.

Voor we verder de gevolgen van de Europese eenwording onder de loep nemen volgt hierna eerst een opsomming van de feitelijke en historische gegevens:

Hoe Franse en Duitse regeringsleiders Europa vooruit hielpen

4 Charles De Gaulle   3 Konrad Adenauer

"Duitsland en Frankrijk zijn de grootste landen binnen de Europese Unie en waren vanaf het begin betrokken bij de Europese samenwerking. Vooruitgang in de relatie tussen beide landen was vaak afhankelijk van de vriendschappen die er tussen Duitse en Franse regeringsleiders ontstonden. Zij moesten de langdurige vijandschap tussen beide landen evenals grote meningsverschillen over de toekomst van Europa zien te overwinnen.

De eerste Europese samenwerkingsvorm, de Europese Gemeenschap van Kolen en Staal (EGKS) uit 1951, was een eerste stap in het beëindigen van de Frans-Duitse vijandschap. Beide landen besloten hun kolen- en staalindustrie met elkaar te vervlechten. De Duitse productie was belangrijk voor de wederopbouw van Europa, maar de Fransen wilden die blijven controleren uit angst voor een te machtig Duitsland. In de jaren daarna ontwikkelde zich een vriendschappelijke relatie tussen de West-Duitse bondskanselier Adenauer[3] en de Franse president De Gaulle[4]. Voor Adenauer was Europese integratie het middel tot verzoening met de buurlanden terwijl De Gaulle Europa wilde verenigen om de Franse stem op het wereldtoneel kracht bij te zetten. Frankrijk en Duitsland sloten in 1963 een vriendschapsverdrag, het Élysée-verdrag.

5 Helmut Schmidt

Tijdens het kanselierschap van Helmut Schmidt[5], van 1974 tot 1982, bereikte de relatie tussen Frankrijk en Duitsland een nieuw hoogtepunt. Schmidt benaderde de Europese samenwerking pragmatisch en zag het als een middel om een nieuw machtsevenwicht in Europa te creëren. Hij kon het goed vinden met zijn Franse collega Giscard d'Estaing.[6] De twee regeringsleiders overlegden vaker met elkaar dan voorheen gebruikelijk was. Ook na hun ambtstermijnen bleven Schmidt en Giscard d'Estaing zich inzetten voor Europa.

6 Giscard d'Estaing

De Europese eenwording was een project dat Helmut Kohl na aan het hart lag. In de Franse president Mitterrand vond hij een warm medestander. De politieke vriendschap tussen beide regeringsleiders leidde tot spectaculaire resultaten. Na de Duitse eenwording zag Kohl de Europese samenwerking als een kans om de vrees voor het verenigde Duitsland bij de buurlanden weg te nemen. Om de vereniging van Duitsland te realiseren moest Kohl de sterke D-Mark opofferen voor de euro, een belangrijk Frans-Duits compromis.

Een symbolisch hoogtepunt van de verzoening tussen Frankrijk en Duitsland was het gezamenlijke bezoek van Kohl en Mitterrand aan de slagvelden bij Verdun. Hand in hand herdachten zij, zoals we zagen, de slachtoffers uit de Eerste Wereldoorlog." [7]

Het vaste voornemen

"Na de Tweede Wereldoorlog vatte het idee kiem dat Europese integratie de enige manier was om af te rekenen met het vergaande nationalisme dat het continent tot dan toe geteisterd had. Jean Monnet, Robert Schuman en Konrad Adenauer presenteerden in een toespraak in 1950 het zogenaamde Schumanplan. Een jaar later werd de Europese Gemeenschap voor Kolen en Staal (EGKS) opgericht door het tekenen van het Verdrag van Parijs door België, de Bondsrepubliek Duitsland (West-Duitsland), Frankrijk, Italië, Luxemburg en Nederland.

De EGKS bleek zo succesvol dat in 1957 besloten werd tot een verdere integratie. Het Verdrag van Rome, getekend door dezelfde zes landen, richtte de Euratom en de Europese Economische Gemeenschap op. In 1967 werden de drie organisaties door tekening van het Fusieverdrag samengevoegd, waarna ze verder werkten onder de naam Europese Gemeenschappen (EG). Dit leidde tot de oprichting van de Commissie, de Raad en het Parlement.

In 1973 werden Denemarken, Ierland en het Verenigd Koninkrijk lid van de EG. Griekenland werd lid in 1981, Spanje en Portugal in 1986. In 1990 traden de deelstaten uit de voormalige DDR toe tot de Bondsrepubliek en daarmee ook tot de EG.

Het Verdrag van Maastricht, getekend in 1992, betekende de oprichting van de Europese Unie. Het legde de basis voor verdere vormen van samenwerking op het gebied van buitenlands en veiligheidsbeleid, op juridisch en intern vlak, en in de vorming van de Economische en Monetaire Unie. De Verdragen van Schengen zorgden voor een Europese interne markt. In 1995 werden Oostenrijk, Finland en Zweden lid van de EU.

De euro werd ingevoerd in 2002. In 2004 werden tien nieuwe landen lid van de EU: Cyprus, Estland, Hongarije,

Letland, Litouwen, Malta, Polen, Slovenië, Slowakije en Tsjechië. In 2007 kwamen Bulgarije en Roemenië erbij, waarmee het aantal EU-lidstaten op 27 kwam. Om te zorgen dat de Unie ook na deze uitbreiding goed bestuurbaar bleef, werd in 2007 het Verdrag van Lissabon getekend. Op 1 juli 2013 trad Kroatië als 28e land toe tot de Unie." [8]

De Europese Unie

"De Europese Unie (EU) is een uit 28 Europese landen bestaand Statenverband. De EU vindt haar oorsprong in de Europese Gemeenschap voor Kolen en Staal en de Europese Economische Gemeenschap, in 1958 gevormd door zes landen (België, de Bondsrepubliek Duitsland, Frankrijk, Italië, Luxemburg en Nederland). In de jaren erna groeide de EU in omvang door de toelating van nieuwe lidstaten en in macht door het uitbreiden van haar zeggenschap. Het Verdrag van Maastricht vormde in 1993 de huidige Europese Unie. De laatste aanpassing aan de constitutionele basis was in 2009 met het (in 2007 ondertekende) Verdrag van Lissabon.

De EU opereert via een systeem van onafhankelijke supranationale instituten en door de lidstaten intergouvermenteel gemaakte besluiten. Belangrijke instituten van de Europese Unie zijn onder andere de Europese Commissie, de Raad van de Europese Unie, de Europese Raad, het Europese Hof van Justitie en de

Europese Centrale Bank. Het Europees Parlement wordt iedere vijf jaar gekozen door inwoners van de unie. Soms wordt, ook in officiële stukken, de term Europaals totum pro parte gebruikt waar feitelijk de Europese Unie of een van haar instituten bedoeld wordt.[5]

De EU heeft een gemeenschappelijke interne markt ontwikkeld via een gestandaardiseerd rechtssysteem dat in alle lidstaten geldt. Binnen het Schengengebied (bestaande uit EU- en niet-EU-staten) zijn paspoortcontroles afgeschaft. Het EU-beleid richt zich op het vrij laten bewegen van arbeid, goederen, diensten en kapitaal, het uitvaardigen van wetgeving op het gebied van justitie en binnenlandse zaken en het aanhouden van een gemeenschappelijk beleid op het gebied van handel, landbouw, visserij en regionale ontwikkeling. Een monetaire unie, de eurozone, is gevestigd in 1999 en bestaat sinds januari 2015 uit 19 landen. De EU heeft permanente diplomatieke vestigingen over de wereld en wordt vertegenwoordigd in de Verenigde Naties, de WTO, de G8 en de G20. In 2012 werd aan de Europese Unie de Nobelprijs voor de Vrede toegekend, die werd uitgereikt op 10 december 2012 en namens de EU in ontvangst genomen door Herman Van Rompuy, Martin Schulz en José Manuel Barroso." 0

De Euro

"De euro is de munteenheid van de Economische en Monetaire Unie, een groep van 19 EU-lidstaten die de euro als betaalmiddel hebben ingevoerd. Daarnaast wordt de euro nog in vijf andere Europese landen gebruikt. Daarmee is de euro het dagelijkse betaalmiddel van zo'n 330 miljoen Europeanen. De euro functioneert als de op een na grootste reservemunt en is de op een na vaakst verhandelde munt ter wereld. De Europese Centrale Bank in Frankfurt is verantwoordelijk voor het monetair beleid binnen de eurozone. De euro heeft het geldverkeer binnen de Europese Unie aanzienlijk vereenvoudigd; waar vroeger met minstens een tiental verschillende valutawaarden gerekend werd, geldt er nu één." [10]

[11]

"De euro (symbool: €; Nederlands meervoud euro's)[1] is de munteenheid van 19 lidstaten van de Europese Economische en Monetaire Unie. De officiële ISO-code van de munteenheid is EUR.

In 1992 werd in Maastricht besloten tot invoering van de euro. Hierbij zou de waarde van 1 euro gelijk zijn aan 1 ECU (European Currency Unit oftewel 'Europese rekeneenheid'). Sinds 4 januari 1999 worden de koersen van aandelen, obligaties en opties aan de beurs in euro's weergegeven. De munten en bankbiljetten werden op 1 januari 2002 gelijktijdig ingevoerd in 12 landen van de Europese Unie, alsmede in Monaco, San Marino en Vaticaanstad, tijdens de grootste monetaire omwisselingsoperatie aller tijden.

Voorgeschiedenis

Na het opheffen van het systeem van Bretton Woods zijn er twee pogingen geweest om een Europees monetair systeem op te bouwen met vaste wisselkoersen. Dit zijn:

- Plan-Werner
- het EMS (Europees Monetair Stelsel)

De lidstaten van de Europese Unie hebben besloten tot de vorming van een Economische en Monetaire Unie. In het Verdrag van Maastricht (Verdrag betreffende de Europese Unie) van 1992 werd besloten tot de invoering van de euro. Hiermee kwam de EMU op gang, maar niet alle EU-landen doen mee aan de EMU.

De voorbereiding voor de invoering van de euro in Nederland vond plaats vanuit het Nationaal Forum voor de introductie van de euro (NFE).

Op 31 december 1998 werden de onderlinge wisselkoersen tussen de euro en de valuta van de toen elf deelnemende landen definitief vastgelegd. Sinds 1 januari 1999 is de euro een officieel feit. Vanaf die datum waren de nationale bankbiljetten en munten van de landen die de euro hadden aanvaard nog slechts verschijningsvormen van de euro. Op 1 januari 2001 voegde zich Griekenland als twaalfde land daarbij.

De euro vertegenwoordigde toen al overal dezelfde waarde. Een waarde die werd vastgesteld, en zo nodig gecorrigeerd, door de Europese Centrale Bank in Frankfurt am Main." [12]

De Europese Centrale bank

"De Europese Centrale Bank (ECB) is de centrale bank van de Economische en Monetaire Unie. Het is tevens een van de zeven instellingen van de Europese Unie. De voornaamste taak van de ECB is het behouden van de prijsstabiliteit in de eurozone.

De ECB en de centrale banken van landen die de euro hebben aangenomen vormen een entiteit, "eurosysteem" genaamd. Zolang er nog lidstaten van de Europese Unie zijn die de euro niet hebben aangenomen, moet er onderscheid worden gemaakt tussen het eurosysteem, waarvan negentien landen deel uitmaken, en het Europees Stelsel van Centrale Banken (ESCB),

12

dat uit achtentwintig landen bestaat. De ECB is op 1 juni 1998 opgericht ter vervanging van het Europees Monetair Instituut (EMI), dat tot op dat moment een centrale rol had gespeeld bij de voorbereiding van de komst van de euro, die op 1 januari 1999 heeft plaatsgevonden.

De zetel van de Europese Centrale Bank bevindt zich in Frankfurt am Main (Duitsland) en heeft werknemers in dienst die uit alle lidstaten van de Europese Unie afkomstig zijn.

Taken

Hoofddoelstelling van de ECB (en van het eurosysteem, de samenwerking tussen de ECB en de nationale centrale banken van het eurogebied) is het waarborgen van voldoende prijsstabiliteit in de eurozone, zodat de koopkracht van de euro voldoende behouden blijft. De ECB heeft de hoofddoelstelling kwantitatief gedefinieerd, zodat het publiek kan beoordelen of het beleid ten aanzien van de eenheidsmunt succesvol is. Prijsstabiliteit is hierin gedefinieerd als, op de middellange termijn, een jaarlijkse stijging van de prijzen van onder, maar dichtbij 2%. Dichtbij 2% dient als buffer tegen deflatie. Bij het bepalen van het juiste beleid daarvoor, worden twee analyses verricht:

- een monetaire analyse: vooraanstaande rol is toegewezen aan de geldhoeveelheid. Inflatie wordt gezien als een gevolg van het feit dat de beschikbare geldhoeveelheid te groot is in verhouding tot het aanbod van goederen en diensten;

- een economische analyse: een beoordeling op basis van allerlei indicatoren en perspectieven ten aanzien van prijsontwikkelingen en risico's voor de prijsstabiliteit in de eurozone (zoals salarissen, wisselkoersen, rentekoersen op lange termijn en diverse maatregelen ten aanzien van economische bedrijvigheid).

Monetair toezicht

De Europese Centrale Bank (ECB) vormt de spil van het eurosysteem. De bank garandeert dat de taken waarvoor zij verantwoordelijk is, worden gerealiseerd via eigen activiteiten of via de nationale centrale banken die aan het systeem deelnemen.

Met het oog op de basisdoelstelling (het garanderen van prijsstabiliteit) zijn de belangrijkste taken van de ECB:

- het monetair beleid in de eurozone bepalen en ten uitvoer leggen;

- valutamarktoperaties verrichten, de officiële valutareserves van de landen in de eurozone aanhouden en beheren;

- bankbiljetten uitgeven in de eurozone." [13]

Stabiliteits- en Groeipact

"Het Stabiliteits- en Groeipact is een reeks afspraken tussen landen van de Economische en Monetaire Unie (de 'eurozone') die de waardevastheid van de euro moeten garanderen.

Doelstelling

Het pact is in 1997 tot stand gekomen met als doel de stabiliteit van de nieuwe Europese munt, de euro, te garanderen. De gedachte was en is dat als in veel landen de tekorten uit de hand lopen, dat leidt tot opdrijving van de rente en tot een verzwakking van de munt door hogere inflatie. Een oplopende schuld kan in extreme gevallen zelfs leiden tot het faillissement van overheden. Dat leek voor Europa wellicht ondenkbaar, maar de kosten van vergrijzing zouden in bijna alle landen van de EU tot exploderende schuldquotes kunnen leiden. Regeringen maakten al in het Verdrag van Maastricht afspraken over een maximaal begrotingstekort van 3% van het bbp en een maximale overheidsschuld van 60% van het bbp.

In het Stabiliteitspact werden die afspraken nader ingevuld en werd afgesproken wat moet gebeuren als landen toch een hoger tekort hebben. Landen als Nederland en Duitsland wilden hier harde afspraken over voordat ze hun eigen, sterke munt zouden inruilen voor de euro.

Begrotingstekort

Belangrijk in het pact zijn de afspraken m.b.t. het begrotingstekort: wanneer lidstaten te veel geld zouden uitgeven, dreigt namelijk inflatie. Deze regel houdt concreet in dat het financieringstekort niet meer dan 3 procent van het bruto binnenlands product (bbp) mag bedragen.

In tijden van een economische recessie zijn met name de regels met betrekking tot het begrotingstekort hinderlijk, deze mag maximaal drie procent zijn, wat voor sommige landen (Duitsland, Frankrijk) in 2003 reden was deze regels te overtreden. De Nederlandse minister van Financiën Gerrit Zalm maakte zich hier erg kwaad over en eiste sancties, hoewel het Centraal Planbureau later berekende dat Nederland deze grens ook dreigt te overschrijden.

De Europese Commissie (kortweg: de Commissie) heeft het Europees Hof van Justitie gevraagd naar een oordeel over het overtreden van het stabiliteitspact. Het Hof oordeelde op 13 juli 2004 dat landen een boete kunnen krijgen als ze het pact schenden.

Het pact heeft een "preventieve arm" en een "correctieve arm".

Het pact kent als uitgangspunt de regel dat als de Raad van de Europese Unie (kortweg: de Raad) bij een lidstaat een buitensporig tekort vaststelt, deze lidstaat dit in het volgende jaar dient te hebben gecorrigeerd.

Met de inwerkingtreding van het versterkte Stabiliteits- en Groeipact in december 2011 zijn de regels aangescherpt. Dit betekent met name dat er eerder dan in het verleden een boete kan worden gegeven. Nu kan dat al direct worden voorgesteld door de Commissie indien een lidstaat naar het oordeel van de Commissie en de Raad geen effectieve actie heeft ondernomen. Een eventuele boete zal de grootte hebben van 0.2% van het bbp van het voorgaande jaar in de betreffende lidstaat. De boete is een echte boete, en geen deposito dat na correctie van het buitensporig tekort weer vrijvalt aan de lidstaat, zoals het rentedragende deposito dat bijvoorbeeld kan worden opgelegd wanneer lidstaten zich niet aan de afspraken in de preventieve arm van het pact houden. Wanneer een euroland blijvend niet voldoet aan deze aanbevelingen kan door de Raad, op voordracht van de Commissie jaarlijks een nieuwe boete worden opgelegd. De totale jaarlijkse boete is gemaximeerd op 0,5% van het bbp." [14]

Verdere afspraken en gevolgen

We laten de feiten en historie nu achter ons en kijken wat er verder aan afspraken en gevolgen zijn.

Bij de oprichting van de Europese Unie was het belangrijkste besluit dat genomen moest worden, welke landen toegelaten zouden worden. Daartoe werden criteria opgesteld waaraan elk land getoetst werd. Het was weinig verrassend -ja zelfs te verwachten- dat landen als Griekenland, Italië, Portugal en Spanje niet aan die criteria voldeden.

Dat was een heikel punt voor president Mitterrand van Frankrijk die dan als enigste Zuid Europees land in de Europese Unie deel zou nemen. Hij stond erop dat de andere zuidelijke landen ook toegelaten zouden worden, ja hij eiste dat! Hoewel iedereen wel aan zijn water aanvoelde dat de cijfers van die landen zo zacht als boter waren, ja waarschijnlijk zwaar gemanipuleerd, ging men uiteindelijk overstag en het lidmaatschap werd hun -met grote tegenzin- gegund.

Bij de realisatie van de Euro heeft -opnieuw- president Mitterrand van Frankrijk een beslissende rol gespeeld door te eisen dat Duitsland ook mee zou doen. Maar deze waren op hun beurt erg bang voor mogelijke politieke invloed op het beleid van de Europese Centrale Bank.
Uiteindelijk werd men het erover eens dat de president van de bank onafhankelijk zou zijn, een allesbeslissende stem zou hebben en dat de politiek zich niet zou mengen in de besluitvorming.
De favoriet van de Franse president Mitterrand om tot president van de Europese Centrale Bank te benoemen was de landgenoot Jean-Claude Trichet. Maar de andere landen waren bang dat president Mitterrand hem zou beïnvloeden om daarmee zijn politiek te volgen. Een compromis werd bereikt door een pure bankier uit een klein land te benoemen voor de helft van de achtjarige termijn, dat werd onze Wim Duisenberg (1998-2003). Deze heeft

zich inderdaad nooit door de politieke wensen van landen laten beïnvloeden.

De tweede helft van de termijn zou door Jean-Claude Trichet (2003-2011) vervuld worden, dat werd wat later omdat Wim Duisenberg het zo uitstekend deed.

Doordat de Europese landen ook in bezit waren van veel koloniën en ver weg liggende gebieden, zijn er 23 landen buiten Europa waar de Euro als wettig betaalmiddel functioneert. Daardoor is de invloed navenant.

Werkelijkheid?

Het was dus een lange weg die gegaan moest worden alvorens de Europese eenwording was gerealiseerd. Ook een moeilijke weg met hobbels en valkuilen.

Nu rest de vraag: heeft die droom van Europese eenwording tot die werkelijkheid geleid die voor ogen stond?

Ja, het voornaamste doel dat er geen oorlog meer in Europa zou woeden was zeker bereikt, er is nu al zestig jaar vrede. Nog nooit was er zo`n lange periode van vrede geweest. Ook het Europa zonder grenzen was bereikt en inderdaad de economie was sterker dan voorheen. Maar onderliggend aan deze feiten is er veel onrust te bespeuren, waar we in de volgende hoofdstukken verder op ingaan.

2
IS DE GEEST UIT DE FLES?

De Europese samenwerking begon dus in 1952 door de vorming van De Europese Gemeenschap voor Kolen en Staal (EGKS), daarna in 1962 gevolgd door De Europese Economische Gemeenschap (EEG). De nadruk lag dus vooral op de economie. Pas later kwamen er andere gebieden zoals justitie en buitenlands beleid bij.

In 1999 werd de Europese Gemeenschap (EG) gevormd en in 2009 de Europese Unie (EU) zoals we die nu kennen.

Het economisch beleid werd afgerond door de oprichting van de Europese Centrale Bank (ECB) op 1 juni 1998, met het doel de Euro in te voeren. Om alle landen economisch op één lijn te krijgen werd er in 1997 het Stabiliteits- en Groeipact afgesloten.

De hoofdzaak was dus, zoals gezegd, de economie en hoe die op elkaar af te stemmen.

Andere zaken zoals het vluchtelingenprobleem speelden pas in 2015 en deze invloed laten we zoveel mogelijk voor wat het is, die valt buiten het kader van dit boek.

Om alles economisch op elkaar af te stemmen waren er tal van instanties met bijbehorende ambtenaren nodig. Naar mate de jaren voortschreden werden als vanzelf de aantallen ambtenaren groter en naarmate de invloed van Europa ook groter werd groeide hun macht en invloed navenant. Het Europese Parlement nam daardoor in invloed toe en veel politici uit de landelijke parlementen vonden daar een nieuwe carrière.

Al met al werd de macht van "Brussel" steeds groter naarmate men er in slaagde eerst landelijk georganiseerde zaken naar het Europese niveau te tillen en de beslissingsmacht in dat Brussel neer te leggen.

Door de afstand tot de lokale en landelijke politiek werd het voor degenen in Brussel steeds moeilijker om voeling te houden tot wat daar -laat staan bij de burger- leefde.

Daarbij kwam een belangrijke factor dat men zich in toenemende mate wilde "bewijzen", vooral naar zichzelf!

Men bleef zoeken naar zaken die men meer geschikt vond om op Europees niveau te beslissen dan landelijk en dat kreeg op een gegeven moment zelfs iets ridicuuls toen men zich bijvoorbeeld ging bemoeien met de voorgeschreven kromming van bananen!

De regeltjes van "Brussel" werden een begrip, maar vooral een ergernis!

Daarbij kwam nog de belangrijke factor dat dit soort organisaties aan een soort automatisch principe bloot staan om sterker te groeien dan normaal, een soort selffulfilling prophecy die zich voltrekt zonder dat iemand ook maar in staat is dat tegen te houden of om te buigen.

De gebouwen moesten dan ook steeds groter worden en inmiddels is het een stad op zich!

Vele pogingen werden ondernomen om dat tij te keren en om ook de compleet gekke vergadercultuur te doorbreken. Daarbij kwam ook nog dat in de oprichtingsakte de eis van Frankrijk was gehonoreerd dat er beurtelings in Straatsburg en in Brussel vergaderd zou worden. Complete treinen met benodigde stukken, tolken, ambtenaren en alle politici dienden eens per maand tussen die plaatsen op en neer te rijden.

Een compleet gekkenhuis was en is dat!

De Europese Rekenkamer deed zijn best om de kosten te beteugelen, maar alle moeite was praktisch tevergeefs. Het was een trein die voort denderde en alleen maar in snelheid toenam. Ook de salarissen groeiden de pan uit en waar ze eerst nog de lijn van de landelijke politici volgden werd dat later compleet los gelaten en zij volgden een eigen CAO.

Om het nog erger te maken genoten de ambtenaren ontslagbescherming en konden herplaatsing elders regelen, net als in Nederland trouwens. Politici die de pech hadden niet herkozen te worden ontvingen goudgerande wachtgelden.

Kortom het was en is een walhalla voor ambtenaren en politici die de landelijk politiek ontgroeid waren geworden en de lat nu hoger hadden gelegd! En dat weten we nu!!

De verbeelding aan de macht

Men had duidelijk de smaak te pakken en men liet begerig het oog vallen op die landen die nog niet lid waren van de Europese familie. Deze landen hunkerden gewoon naar het lidmaatschap want wat was er mooier om ook uit die goed gevulde ruif te eten.

Ze moesten dan wel aan wat voorwaarden voldoen, maar er was toch wel wat te regelen?

Nu liggen de meeste van die landen in het voormalige Oostblok en daar was men op allerlei gebieden ver achter op het westen van Europa. Dit vond zijn oorzaak in het feit dat men na de Tweede Wereldoorlog niet mee gedaan had met het Marshallplan. Dat plan van de voormalige Minister van Buitenlandse zaken van de Verenigde Staten gaf grote hulp aan de door de oorlog vernielde landen.

Maar de voormalige Sovjet Unie was op dit plan tegen en verbood zijn zogenoemde satellietlanden om hier aan mee te doen.

De gevolgen laten zich raden: zowel infrastructureel als economisch liep men 25 jaar achter op het in hun ogen rijke westen.

Nu de grote Sovjet Unie uiteen was gevallen (in Rusland, Oekraïne, Wit Rusland etc.) en de voormalige satellietlanden een eigen koers konden varen, zagen ze in deelname aan de Europese Unie een tweede kans om aan te haken, achterstand in te lopen en mee te groeien.

Voor de ambtenaren en politici van de Europese Unie was het dus een kans voor open doel om die landen bij de

Europese familie te trekken. Ze beloofden gouden bergen in de vorm van subsidie om de infrastructuur te verbeteren en de economie aan te jagen.

Let wel: geen enkele inwoner van de Europese Unie is ooit naar zijn of haar mening gevraagd naar deze gang van zaken. Niemand heeft ooit een stem uitgebracht om hier op democratische wijze een mening over te geven! Ze deden het gewoon over onze hoofden heen, over ons en zonder ons!

Parallel aan de uitbreiding aan de Europese Unie vond de uitbreiding plaats van de militaire Noord-Atlantische Verdragsorganisatie van het westen, de NAVO. Dat haar tegenvoeter in het Oosten, het Warschaupact, was opgeheven na het uiteenvallen van het Sovjet Unie en de gemaakte vredesakkoorden tussen Oost en West, dat werd gemakshalve vergeten, ja daar werd Jan Publiek niet op geattendeerd. In het vredesakkoord was zelfs overeengekomen dat het westen zich niet zou begeven op het terrein van de vroegere Warschaupact landen, de satellietlanden van de voormalige Sovjet Unie.

Nu is de NAVO geen democratische organisatie, maar in de landen die daar lid van waren is ook nooit democratisch de mening gevraagd naar deze uitbreidingen en of de kiezer het hier mee eens was!

Kijk[15]: Zien we daar niet de Europarlementariërs Verhofstadt (voormalig minister president van België en nu voorman van de Liberale fractie in het Europees Parlement) en Van Baalen (Europarlementariër van de Liberalen) op het podium staan op het centrale plein van Kiev in Oekraïne?? Kijk ze houden een vlammend betoog en geven aan dat Europa op hun wacht, ja dat ze lid kunnen worden en dat de NAVO hun zal beschermen tegen die machtige invloed van Rusland, die gehate Poetin!

De menigte ontving die beloften met veel gejuich, niet wetend dat ze eigenlijk hiermee hun doodvonnis tekenden.

Nee, het werd niet zo als in Hongarije waar de tanks van de Sovjets de opkomende democratie wreed om zeep hielpen. Het ging subtieler. Het waren vakantie vierende Russische soldaten, mannen in uniformen zonder herkenningstekens. Militaire uitrusting waar niets op af te lezen was. Ze vielen het oosten van Oekraïne binnen, het gebied dat met haar mijnen en industrie het geld verdiende voor het hele land. Uiteraard op verzoek van de eigenaren was men snel in het bezit van het gehele oosten van het land.

15 Verhofstadt en Van Baalen

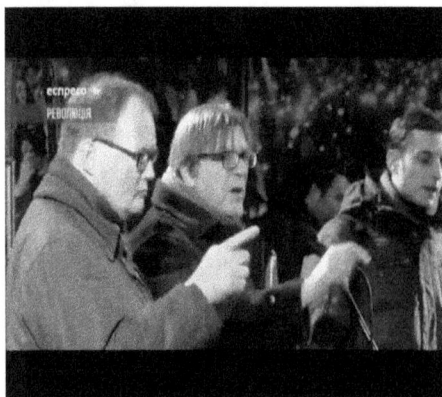

En kijk opeens waren ze ook op de Krim, waar de grootste militaire havenplaats Sebastopol ligt, voorheen bezit van de Sovjet Unie. De bevolking van Russische origine vroeg om hulp tegen het fascistische regime in Kiev dat een democratisch gekozen president, die de steun had van Rusland, hadden verjaagd. Dat met hulp vanuit West Europa en Amerika, zo werd verzekerd.

Er werd ook nog een burgervliegtuig, de MH17, neergeschoten met bijna tweehonderd landgenoten aan boord, foutje!

De Russen sloten het gas voor Oekraïne af, na betaling met hulp van het Westen, weer aan, dan weer af, dan even aan en nu willen de Oekraïners dat gas helemaal niet meer hebben. Ze moeten nog wel acht miljard betalen, maar ja.

Kortom het land wordt door Rusland uitgeknepen en het Westen moet betalen: het is toch beloofd!

De ene ambtenaar uit Brussel is nog niet geweest of de volgende politicus staat al weer op de stoep, o wat zijn ze belangrijk want ze hebben ons zo nodig. Dat Verhofstadt en Van Baalen goede sier maakten met hun beloften, daar wordt maar verder over gezwegen: *"Veel beloven en weinig geven, doet menig gek in vreugde leven"*.

Poetin heeft zijn punt gemaakt: tot hiertoe en niet verder. Geen NAVO, geen Europa in mijn achtertuin. Als ze verder dreigen te gaan dan valt hij de Baltische staten en Finland binnen, ook die hoorden tot het Tsarenrijk, dat rijk dat hij het liefst in ere hersteld ziet.

De huidige voorzitter van de Europese Raad (het dagelijks bestuur van de Europese Unie) is de voormalige premier van Polen, Donald Tusk, van de liberale partij Burgerplatform. Wat moet die man zich als Pool in een spagaat bevinden! Zijn buurman Rusland staat klaar om toe te slaan, om de oude verhoudingen te herstellen. De NAVO staat klaar om Polen te helpen, maar ja. Door de nieuwe verkiezingen in Polen is de ultra rechtse partij PiS aan de macht gekomen en leverde de partij van Jarosław Kaczyński de President Andrzej Dudaen en de premier Beata Szydło. In alles zijn ze het nu oneens met de Europese Unie, zowel over de vluchtelingen als wel over alle andere onderwerpen. Het Hoog Gerechtshof is naar hun hand gezet en daarna de pers. Polen ontvangt nota bene tientallen miljarden subsidie van de EU!
Niet echt zoals Europa dat voor ogen stond!

16 Jean-Claude Juncker

Verbeelding aan de macht: "Een nee-stem tijdens het Oekraïne referendum op 6 april 2016, kan leiden tot 'een grote continentale crisis'". Dat zegt Jean-Claude Juncker[16], voorzitter van de Europese Commissie, in een interview met NRC Handelsblad.

Als de Nederlandse bevolking het associatieverdrag tussen de Europese Unie en Oekraïne afwijst, dan zal Rusland 'de vruchten plukken van een gemakkelijke overwinning', aldus Juncker.

Hij hoopt dat Nederlanders tijdens het referendum niet nee zullen stemmen om redenen die niks met het associatieverdrag hebben te maken. 'Laten we het referendum niet veranderen in een referendum over Europa', zegt hij. Dat zou volgens de EU- commissie voorzitter koren op de molen zijn van populisten die de EU willen opblazen." [17]

Over democratie gesproken!

En nu, in januari 2016, maakt de EU zich zorgen om Italië: Jean-Claude Juncker, voorzitter van de Europese Commissie, maakt zich grote zorgen over de verhouding met Italië. De Italiaanse regering heeft voortdurend kritiek op de Commissie en de rest van de EU, terwijl het land als geen ander profiteert van Europese fondsen. [18]

Wet van de communicerende vaten

Het Stabiliteits- en Groeipact is bedoeld om de economie van de onderlinge landen van de Europese Unie niet teveel uiteen te laten lopen en er voor te zorgen dat het financieringstekort van een land niet te hoog wordt.

Vanuit de visie van één Europa is dit een begrijpelijke zaak: Hoe kun je als Europa je profileren tegen de andere grote markten als de Dollar en de Yen op deze wereld als je niet eenduidig je economie hebt gestructureerd?

Om de deelnemende landen langzaam aan het systeem te laten wennen werd het toegestane percentage dat het financieringstekort mocht zijn geleidelijk aan terug gebracht tot het vastgestelde percentage van drie procent een paar jaar geleden werd bereikt.

Als je het zo opschrijft klinkt het simpel, maar dat was het zeker niet! De meeste landen hadden grote moeite om aan deze norm te voldoen en omdat in 2008 de Bank en kredietcrisis in alle hevigheid los barstte was het ook eigenlijk onmogelijk.

Nederland leek het lang goed te doen, maar raakte ook in de problemen.

Ieder land werd door de Europese Unie gedwongen om plannen te maken om het financieringstekort te beteugelen en elk land kreeg een liaisonman die erop toezag dat men wel deed wat vereist werd.

Het ene land was daar succesvoller in dan de anderen, maar er waren vele problemen op allerlei vlakken:

- ☐ Griekenland ging volledig bankroet en kon ternauwernood van een faillissement gered worden. Heel Europa stond een jaar lang in vuur en vlam.
- ☐ In Spanje gingen banken failliet en zit met hele steden aan onverkochte nieuwe huizen.
- ☐ Zuid Europa zucht onder een werkloosheid van ca. 25%, de jeugdwerkloosheid is meer dan 50%.

- Engeland is technisch is volledig verouderd en dreigt met een Brexit (uit de EU)
- Italië dreigt Griekenland achterna te gaan.
- Alleen de Scandinavische landen, de Benelux en Duitsland slagen er in onder de norm te blijven, maar vraag niet hoe!
- In Duitsland lijden de ouderen gewoon armoe en een minimumloon is er nog steeds niet.

19 François Hollande

- Frankrijk lijdt onder de druk van de vakbonden en elke maatregel leidt tot stakingen en onrust. President Hollande[19] wilde de pensioenleeftijd verlagen terwijl andere landen die verhoogden! Het bedrijfsleven loopt hopeloos achter. Er is veel overheidssteun nodig, vooral in de auto-industrie.
- Maar -o, wonder- Frankrijk heeft zolang het Stabiliteits- en Groeipact bestaat altijd ontheffing gekregen om aan de norm van 3% te voldoen. Om allerlei meestal gezochte redenen. De laatste keer

vorig jaar omdat men geld nodig had voor terreur bestrijding n.a.v. de aanslag op het satirische blad Charlie Hebdo! Hoe kom je er op!

☐ En zo kunnen we nog wel even door gaan.

De voormalige Minister van Financiën Jan Kees de Jager was woest, vooral om de afspraken met Frankrijk en eiste op hoge toon dat alle landen zich aan de gemaakte afspraken moesten houden.

"Je hebt gelijk" zeiden ze. En niet lang daarna: *"En hoe gaat Nederland bezuinigen? Dat hebben we toch afgesproken?".*

Als het braafste jongetje van de klas deden we wat ze verlangden! De anderen lachten in hun vuistje en stuurden nog een naheffing na omdat onze economie sterker gestegen was als elders! Hoe een grote mond afgestraft werd!

Het is een feit dat geen land met de ander is te vergelijken. Wat daarbij het meest wringt is de ongelijkheid in Noord en Zuid Europa. Dat komt neer op één woord: SIËSTA!

Waar in Noord Europa in de middag zaken worden gedaan, eet en slaapt Zuid Europa en waar Zuid Europa 's avonds werkt zit Noord Europa bij moeder de vrouw aan de aardappels.

Ze proberen elkaar wel eens te bellen om zaken te doen, maar er wordt niet opgenomen.

De mentaliteit is compleet anders en het verdien model ook. Naast de officiële economie is een parallelle economie die Maffia heet en waar meer geld in omgaat dan de eerste. De officiële statistieken per land geven dan ook absoluut niet de werkelijkheid weer. In Nederland wordt de zwarte/grijze economie al even groot als de officiële geschat, in Zuid Europa durven ze geen percentage te noemen!

Als dan besluiten genomen worden op de officiële getallen is het een schijn werkelijkheid die eigenlijk lachwekkend is als het niet zo droevig was!

De samenstelling van de maatschappij is ook onvergelijkbaar. Denk aan de sociale wetten per land, de hoogte van de lonen, de pensioenleeftijd, het pensioensysteem etc.

Door de totale kosten per land, inclusief uitgaven aan sociale wetten en staatspensioen komt Nederland er heel slecht af. Doordat wij daar veel kosten voor maken blijft er per definitie minder over voor anderen zaken. Omdat we binnen die 3% moeten blijven!

Dan moeten we op andere kosten bezuinigen om daar mee uit te komen. We worden gestraft omdat we het beter doen dan de rest!

In de landen die daar minder of veel minder aan uitgeven is er dus minder reden om te bezuinigen.

Het is de wet op de communicerende vaten in optima forma!

De disk jockey Joost de Draaier zei al: *"Waar het één is, kan het ander niet zijn!"*.

Nog zo`n factor: bij het ontbreken van een Europees pensioensysteem dienen de landen die geen pensioensysteem hebben dat op te tuigen. Daarbij wordt begerig gekeken naar de pensioenpotten van Nederland. Ons systeem is uniek in de wereld en daar is hun oog op gevallen. Op allerlei manieren proberen ze daar vat op te krijgen, tot nu toe -gelukkig- tevergeefs.

De ambtenaren halen alles uit de kast om de landen maar binnen de norm van 3% te krijgen -behalve dus Frankrijk- en dwingen op hun beurt om de ambtenaren op ons Ministerie van Financiën allerlei plannen te maken om de overheidsuitgaven terug te dringen.
Ze denken daar niet als beleidsmakers (daar krijgen ze niet eens de tijd voor) maar als boekhouders. Boekhouders die de kas sluitend dienen te maken. Een kas die nooit sluitend kan worden, want terwijl je erbij staat wordt de beschikbare hoeveelheid geld al weer minder!
Als een spiraal gaat dat door naar beneden en worden plannen op plannen gestapeld, aangenomen en uitgevoerd met het ultieme doel te voldoen aan een pact, een pact wat strijdig is met alle economische wetten en alleen maar tot meer krimp zal leiden!

Los van deze Noord-Zuid invloeden is er ook de West-Oost invloed: de toetreding van de voormalige Oostblok landen. We schreven hier al over. Over de subsidies om de infrastructuur en de economie op Europees niveau te krijgen.

Dat kost natuurlijk veel geld, geld dat door de bestaande Europese leden opgebracht moet worden.

Deze investeringen zijn wèl succesvol. De landen verbeteren zienderogen en het bedrijfsleven is erg gemoderniseerd. West Europese bedrijven investeren daar ook in vestigingen. Alles bij elkaar is het een echte win-win situatie. De investeringen verdienen zich op die manier terug.

De Presidenten van de ECB

Los van de Europese Unie, maar wel in nauwe samenwerking, is er de Europese Centrale Bank die als voornaamste taak heeft om er voor de zorgen dat de inflatie niet onder de 2% komt. (dit stimuleert de economie)

Dus los van de norm voor het financieringstekort van maximaal 3% wordt de inflatie richtlijn als

20 Wim Duisenberg

anker gezien voor de welvaart in Europa.
De rol van de president van de ECB is hier essentieel.

Na de succesvolle periode van Wim Duisenberg[20] in die functie, waarbij hij volgens de afspraken zich niet door de politiek liet beïnvloeden, kwam als opvolger de Fransman Jean-Claude Trichet.[21] Aanvankelijk volgde hij de lijn van zijn voorganger, maar gaandeweg kon hij zich niet meer aan de invloed van de Franse president en regering onttrekken. Zo slaagde Frankrijk er steeds in om zich met succes aan de 3% norm van maximaal financieringstekort te onttrekken.

Waar andere landen zuchten onder bezuinigingen, gingen de Fransen door alsof Europese afspraken niet golden.

21 Jean-Claude Trichet

Na Jean-Claude Trichet kwam in november 2011 de Italiaan Mario Draghi,[22] beter bekend als Super Mario, in de functie van president van de ECB. Een man met een geweldige reputatie. Had gestudeerd in Amerika, was hoogleraar geweest, had gewerkt bij de Wereldbank, directeur-generaal op het ministerie van Financiën, later Gouverneur van de Centrale Bank van Italië, had gewerkt bij Goldman Sachs etc.

Nota bene: Bij hem, maar ook bij veel andere bankiers, komen namen als <u>McKinsey</u>, <u>Rockefeller</u>, <u>Goldman Sachs</u>, <u>Rothschild</u>, <u>Bilderbergconferentie</u> e.d. naar voren. Op zich niets mis mee, maar dat er van een netwerk en wederzijdse invloed sprake is laat zich raden!

Men had grote verwachtingen van hem, maar aan de andere kant was men ook bevreesd dat hij Italië en wellicht heel Zuid Europa zou bevoordelen. Aanvankelijk was hier ook geen sprake van, maar de ontwikkelingen in de Bank en kredietcrisis dwongen hem toch een weg in te slaan die dat indirect toch bewerkstelligde.

22 Mario Draghi

De Europese rente werd kunstmatig laag gehouden met het doel de Zuid Europese banken te steunen zodat zij op hun beurt de economie van die landen konden helpen. Dat werkte en werkt nog steeds. Maar de prijs werd en wordt door de Noord Europese landen betaald doordat spaarrente niets meer opbrengt en de dekkingsgraad van de pensioenfondsen zodanig laag geworden is dat er al vele jaren niet meer geïndexeerd kan worden en in sommige gevallen dienden de pensioen zelfs verlaagd te worden.

De economie in het Noorden van Europa leverde dus in ten gunste van het Zuiden.

Jean-Claude Trichet was een voorzichtig opkoop programma gestart van overheidspapieren zodat als effect hiervan de inflatie zou stijgen. Feitelijk zette hij de geldpers daardoor aan waardoor de koers van de Euro t.o.v. de Dollar daalde.

Super Mario maakte zijn naam waar door dit opkoopprogramma sterk te vergroten en te verlengen.

Hij kondigde aan door te gaan zolang het nodig was om de inflatie op 2% te krijgen. Op dit moment ligt deze op ca. 1%, dus we zijn er nog niet. Het gevaar van deflatie is nog niet geweken!

(bij inflatie is sprake van prijsstijging, bij deflatie van prijsdaling. Prijsstijging -mits matig- stimuleert de economie, zet aan tot koop nu omdat het later duurder wordt. Te hoge inflatie leidt tot looneisen en er wordt minder geïnvesteerd. Als prijsdaling te lang door gaat, dan treedt er een kopersstaking op omdat men de koop uitstelt in de verwachting dat het opnieuw goedkoper zal worden. De economie koelt dan af en er ontstaat een spiraal naar beneden waarbij men ook de lonen wil verlagen. Uit een deflatie is zeer moeilijk te komen. In Japan heeft dat 10 jaar geduurd en de rente werd ook negatief, men moest geld toe

betalen indien men geld op de bank zette. Economen zien deflatie als het grootste gevaar.)

Bij de start van de Euro was de koers van de Euro haast gelijk aan de Dollar, hij liep op naar 1,50. Door het opkoopbeleid ligt hij nu op ca. 1,10 en beweegt zich weer richting Dollarkoers.

In feite is de Euro weer terug op zijn oorspronkelijke niveau en is de economische winst van Europa terug gebracht door een devaluatie (= afwaardering van een munteenheid) naar het niveau van Amerika.

(Dit stimuleert de export en maakt import duurder. Het gevolg is meer werkgelegenheid en een verbetering van het saldo van de lopende rekening van de betalingsbalans.[23])

Maar, zo zult u zich afvragen, na al dat Europese geweld op het wereldtoneel, wat heeft dit voor invloed gehad op ons leven in Nederland? Een zeer begrijpelijke vraag waar we verder op in zullen gaan.

3
HOE GAAT HET NU?

De titel van dit hoofdstuk geeft de hamvraag weer die overblijft nadat we hebben gelezen hoe de geschiedenis van de Europese Unie is met haar Euro. Want waar het natuurlijk om draait is hoe alles uitwerkt voor ons als gewone burgers.

We zagen al hoe de afspraken en maatregelen van "Brussel" terecht komen bij onze beleidsmakers. De voorbereiders van dat beleid zitten op het Ministerie van Financiën, zij maken als eerste een begroting nadat ze natuurlijk hebben overlegd met alle daartoe bevoegde ambtenaren van de verschillende ministeries.

De Minister van Financiën neemt dan een beslissing na met zijn collega's de voorstellen te hebben doorgenomen. Daarna volgt een besluit in de Ministerraad en vervolgens wordt de Miljoenennota in het beroemde koffertje aan het Parlement aangeboden ter behandeling.

In de loop van het jaar dient er natuurlijk ook regelmatig bijsturing plaats te vinden en die volgt ook die weg.

We hebben dit proces nu al vele jaren meegemaakt en de besluiten zijn bekend, maar nu is de vraag: hoe zijn die besluiten uitgepakt?

Zijn de uitkomsten zo dat we er mee kunnen leven of hebben die onze situatie verslechterd.

Kortom zijn we er op vooruit of juist achteruit gegaan.

Nu zal een ieder dat op zijn of haar eigen wijze hebben ervaren, afhankelijk van de eigen situatie, maar we willen proberen toch een aantal onderwerpen -in willekeurige volgorde en zonder de pretentie volledig te zijn- behandelen en daar dieper op in gaan:

Pensioensysteem

24

[24]Deze is vrij recent veranderd met het doel het pensioen voor de jongere generatie veilig te stellen. De meningen daarover zijn erg verdeeld, maar één ding is zeker: dat mochten de jongeren hun pensioen halen, dan zal de uitkering niet veel meer dan 50% van het laatst verdiende

loon zijn in plaats van de tot nu toe gangbare 70%. Het is duidelijk dat met de huidige regels er een versobering gaat plaats vinden voor de jongere generatie. Een latent probleem dus.

En dat naast het feit dat men door de stijging van de leeftijdsverwachting steeds langer zal moeten blijven werken. In de toekomst tot boven de 70 jaar!

Er zijn verschillen in de andere Europese landen, maar feit is dat iedereen langer moet gaan werken.

Nu leeft er onder de beleidsmakers veel vrees om de toekomst van het pensioenstelsel doordat de meeste bedrijven met tijdelijke contracten werken waarbij van pensioendeelname vaak geen sprake is. Bovendien zijn het vaak deeltijdcontracten i.p.v. voltijds banen.

Daarnaast is er een enorme vlucht naar de zogenaamde ZZP-ers. (De Zelfstandigen Zonder Personeel) Vaak zijn dat voormalige werknemers die ontslagen zijn of weg gereorganiseerd en dan door de voormalige werkgever als ZZP-er worden ingehuurd. Ook dan is er geen sprake van een pensioendeelname, evenals die aan de sociale wetten zoals WW en Ziektewet.

Het solidariteitsprincipe staat op die manier op de tocht. Dit hele gebeuren holt het pensioensysteem uit. Op deze wijze zullen de deeltijd-contractanten en ZZP-ers in de toekomst met grote armoede geconfronteerd worden.

De huidige ruim vier miljoen gepensioneerden ondervinden ook dagelijks de invloed van Europa doordat hun pensioen al jaren niet meer geïndexeerd wordt, inmiddels ruim 13%[25] sinds het uitbreken van de crisis. Alleen de AOW wordt (spaarzaam) aangepast maar de aanvullende pensioenen niet. Dit is voornamelijk het gevolg van de lage rentestand.

We zagen al dat die door de ECB kunstmatig laag wordt gehouden om Zuid Europa te helpen. Dit slaat direct terug op de pensioenen. Ook de invloed van de aandelenmarkten spelen mee en die zijn de laatste jaren ook erg in mineur door de Bank en kredietcrisis.
Kortom ellende alom.

Het gevolg is dat ruim 4 iljoen medelanders (een derde van de volwassen bevolking) steeds minder aan koopkracht hebben en daardoor natuurlijk ook minder aan consumptieve uitgaven (kunnen) uitgeven.
Daardoor zijn er weer minder producten nodig waardoor fabrieken e.d. hun productie naar beneden moeten bijstellen en als gevolg daarvan moeten reorganiseren c.q. mensen moeten ontslaan. De kosten van uitkeringen lopen daardoor weer op en drukt dan op ons financieringstekort waardoor we weer meer moeten bezuinigen van Europa.

Zo is de cirkel weer rond!

Belasting- en toeslagensysteem

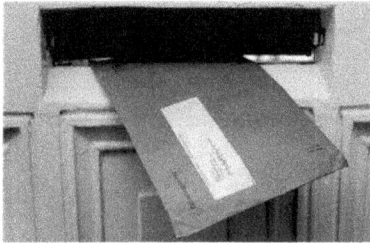

Er zijn twee zekerheden in het leven: de Dood en de Belastingen! Maar waar gaan we naartoe? De Blauwe envelop wordt zelfs afgeschaft!! Hoe oud je ook bent, inloggen zal je!!

26

Maar even serieus, hoe goed je dacht ook thuis te zijn in het belastingsysteem, de verandering achterhaald die wel. Het is gewoon niet meer te volgen. Behalve één ding: er wordt steeds meer, vooral sluikend, genivelleerd. De hypotheekrenteaftrek wordt [26]afgebouwd. De algemene heffingskorting wordt afgebouwd. Maar de vermogens rendementsheffing, die door de meeste mensen als regelrechte diefstal wordt ervaren, blijft even hoog. Voor de beoogde verlaging hebben ze een paar jaar nodig. Verzwaringen kunnen wel sneller!

Regelmatig komen er rapporten uit van internationale organisaties dat ons systeem van belastingen verder veranderd moet worden, met name de hypotheekrenteaftrek moet het daarbij ontgelden. Dat moet stoppen, roepen ze eendrachtig.

Dat dit in ons land een eigen dynamiek heeft, daar malen ze niet om. Als andere landen dat systeem niet kennen, dan moet het ook weg in Nederland, zo lijkt het devies.

Dat door eventuele afschaffing het gehele gebouw van woninghuisvesting instort doordat de prijzen sterk zullen dalen, daar denken ze blijkbaar niet aan. Dat alle huizenbezitters dan in armoede gestort zullen worden, denken ze ook niet aan.

Kortom ze denken als boekhouders, niet als beleidsmakers.

Bij Belastingen denk je aan betalen, maar niet in Nederland: die betaald ook uit! En wel in de vorm van Toeslagen. Voor zorgkosten, voor huur en voor kinderen. Uniek in de wereld. De uitvinder is helaas onbekend!

Het is een ridicuul systeem dat vele slachtoffers kent. Als loon of uitkering wijzigt dan veranderd ook de toeslag. Alleen die verandering moet je zelf wel doorgeven, liefst digitaal.

Helaas heeft haast niemand dat in de gaten, laat staan dat het doorgegeven wordt. Daardoor ontstaat, zodra de definitieve gegevens bekend zijn van een jaar, een wijziging van de oorspronkelijke toekenning.

Dat is bij een nabetaling geen probleem, maar meestal ontstaat er een navordering. Soms wordt die verrekend met een lopend voorschot, maar vaak dient men dit zelf te betalen. De deurwaarders hebben het er maar druk mee!

Een gigantische papierwinkel is het gevolg (men hoopt dat men dit later digitaal af kan! Maar ik vrees dat dit niet opgemerkt wordt) en het brengt de mensen in gigantische liquiditeitsproblemen.

Het is te hopen dat men toch eens van dit systeem af stapt en e.e.a. via de Wet op de Loonbelasting gaat regelen.

Kenners van het Belastingsysteem pleiten al jaren voor een verlaging van de belasting op arbeid en een verhoging op die van de hoge vermogens. Dit zou een stimulering van de economie tot gevolg hebben en een eerlijker verdeling geven.

Gezondheidszorg

De toegang tot de gezondheidszorg wordt bepaald door de wijze waarop men verzekerd is. Tot voor tien jaar terug was men verzekerd via het Ziekenfonds of men was particulier verzekerd. Het gebruik van de gezondheidsvoorzieningen was tussen beide groot. Dat kan men verklaren vanuit het feit dat de eerste groep, de ziekenfondsverzekerden, nooit een nota zag en dus geen enkel kosten besef kon krijgen. De tweede groep, de particulier verzekerden, kreeg eerst de nota, moest die eerst zelf betalen en kon die vervolgens declareren bij de verzekeraar en kreeg dat dan (gedeeltelijk) terug. Logisch dus dat deze groep besefte wat hun gedrag aan kosten met zich mee bracht. (Meer besef = minder kosten) Er was zelfs sprake van zorgmijdend gedrag onder particulier verzekerden.
Omdat artsen ook verschillend gehonoreerd werden in dit systeem (afhankelijk dus van de manier van verzekering)

werden de particulier verzekerden eerder geholpen, want daar verdiende men meer aan.

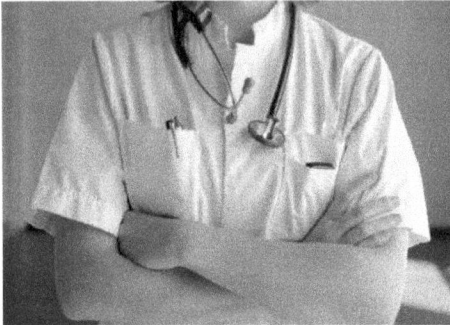

27

Dit gaf een grote ongelijkheid in de zorg en er was al jaren een discussie om hier een eind aan te maken. [27]Dat gebeurde nu tien jaar geleden door het huidige stelsel van de Basisverzekering in te voeren. Hierin is iedereen gelijk en artsen verdienen aan een ieder hetzelfde. Naast het opheffen van de genoemde verschillen was de idee dat men ook makkelijker de kosten van de zorg kon beheersen.

Nu we terug kijken op die tien jaar kunnen we niet anders dan tot de conclusie komen dat dingen blijkbaar toch hun eigen dynamiek hebben:

☐ Ondanks dat de Basisverzekering wettelijk gelijk is proberen de verzekeraars toch onderscheid te maken door uitgeklede versies van de Basisverzekering aan te bieden, de zogenaamde budgetpolissen, waarbij men alleen naar de door die verzekeraar gecontracteerde zorgaanbieders mag gaan. Dit terwijl wettelijk er een vrije artsen keuze is. Dit neigt naar misleiding. Cliënten krijgen nu na afloop van hun behandeling letterlijk de rekening gepresenteerd. Niemand die hun vooraf aan hun behandeling kan of wil informeren omdat het veel te ingewikkeld is, gewoon een oerwoud aan verschillende regelingen. Dit geeft -opnieuw- ongelijkheid in verzekerden.

☐ Zorgverzekeraars geven ook de mogelijkheid om een hoger eigen risico af te sluiten dan wettelijk is voorgeschreven. Men kan dan een lagere maandpremie betalen. Erg verleidelijk, maar o wee als men ziek wordt. Is er dan wel voldoend geld? Leidt dit niet tot zorgmijdend gedrag met later alsnog extra kosten?

☐ Dertig procent van de maandelijkse basisverzekeringspremie kan niet betaald worden en leid tot incasso problemen. Wat kost dit niet? En komt het uiteindelijk wel binnen? Links of rechts om moet de premie betaald worden. Zouden de premie`s niet dertig procent lager kunnen zijn indien men op een andere manier de premie zou incasseren? Via de Wet op de Loonbelasting of rechtstreeks van de uitkering af?

☐ Ondanks dus dat de Basisverzekering wettelijk gelijk is halen de zorgverzekeraars alles uit de kast om cliënten aan het eind van het jaar te doen overstappen naar hun bedrijf. Dat lukt in een tien procent van de gevallen. De consumenten-organisatie Kassa becijferde de kosten die hiermee gemoeid zouden zijn op vijfhonderd miljoen (een half miljard) euro per jaar. Anderen vinden dit wel erg hoog berekend, maar als we de massa aan televisie spotjes zien kan het niet anders dan dat daar veel geld bij gemoeid is. Waarom? Omdat men toch aan die verzekerden blijkbaar verdiend! De hoogte van de reserves liegen er niet om! Blijkbaar is verzekeren toch nog een verdienmodel!

☐ Men verbaasd zich er over dat de kosten van de gezondheidszorg maar blijven stijgen en stijgen. Blijkbaar heeft men zich niet gerealiseerd dat doordat niemand zijn of haar nota meer ziet, het kostenbesef compleet verdwenen is. (zie eerder) Dat daar de zorgaanbieders ook nog eens misbruik van gingen maken was niet zo te voorzien, maar erger is nog dat er van controle helemaal geen sprake was. In plaats van het periodiek checken bij de verzekerden en accountantscontrole te eisen bij de zorgverleners, liet men zich hier compleet door verrassen. Nu probeert men de controle te verbeteren. We zullen zien.

☐ Dat vergrijzing een prijs heeft verbaast niemand maar dat een hoge arbeidsproductiviteit die ook heeft hoor je nooit. Nederland heeft één van de hoogste van de wereld en dat heeft een prijs in de vorm van zieken, arbeidsongeschikten, werklozen etc. Deze moeten uiteraard behandeld worden voor de gevolgen van het feit dat men klem kwam te zitten in de organisaties, tussen de tandwielen van het leven terecht kwam.

☐ We citeren graag het volgende artikel:

WAAROM DE ZORG ONBETAALBAAR IS GEWORDEN: 70 miljard AWBZ - premie is NIET aan zorg besteed!

*"70 miljard AWBZ-premie is NIET aan zorg besteed! (door **Huup Peters**)*

Economen, managers en de meeste politici bestoken ons de laatste jaren onophoudelijk met de mantra dat de kosten voor de AWBZ en dan met name de zorg voor ouderen te hoog zijn en in de toekomst onbetaalbaar. Wat ze er niet bij vertellen is dat sinds de invoering van het nieuwe belastingstelsel in 2001 maar liefst 70 miljard (!) van de AWBZ-premies niet zijn besteed aan zorguitgaven maar door de politiek voor andere doeleinden worden benut. Na een reeks van Kamervragen bevestigde staatssecretaris Van Rijn onlangs dit gegeven.

Vanaf 2001 waren de premieopbrengsten hoger dan de zorguitgaven. Dat betekent dat voor het jaar 2013 6 miljard van de opgebrachte premies van 34 miljard niet aan AWBZ-zorg maar aan andere zaken werd uitgegeven. In de jaren 2001 tot en met 2013 is maar liefst 70 miljard van de AWBZ-premies afgeroomd voor andere doeleinden. Het is heel merkwaardig dat dit gegeven zo weinig aandacht heeft getrokken in de pers en de media. In werkelijkheid bestaat er dus geen tekort bij de AWBZ als we kijken naar de premieopbrengsten. En dat in het besef dat de AWBZ-premie alleen over de eerste en tweede belastingschijf wordt geheven. De SP heeft het CPB gevraagd uit te rekenen wat er gebeurt als de AWBZ meer solidair over alle belastingschijven zou worden geheven en de opgebrachte premiegelden ook daadwerkelijk alleen aan zorg zouden worden uitgegeven.

Ruim driekwart van de huishoudens gaat er dan op vooruit, waarbij de laagste inkomens er gemiddeld ruim 2 procent op vooruit gaan en de allerhoogste inkomens (meer dan 5 maal het wettelijk minimumloon) er gemiddeld ruim 3 procent op achteruit gaan. Deze gegevens maken duidelijk dat de AWBZ betaalbaar is uitgaande van de huidige opbrengsten en dat de betaalbaarheid voor driekwart van de huishoudens verder verbetert als we de premieheffing meer solidair maken. Het is derhalve een politieke keuze of we dit geld willen besteden aan de langdurige zorg.

Regering maakt ons wijs dat zorg 'onbetaalbaar' zou zijn

Als hulpverlener is het goed je niet gek te laten maken door de mantra: de zorg is onbetaalbaar. Dat leidt tot onnodig cynisme. De miljardenbezuinigingen van dit kabinet zijn immers onnodig. Wat niet wegneemt dat er veel te besparen valt zonder te bezuinigen. Bijvoorbeeld door het afschaffen van de concurrentie tussen zorginstellingen, het afschaffen van de verantwoordingsbureaucratie en het kleinschaliger organiseren van de zorg.
Auteur: Henk van Gerven (Kamerlid SP, oud huisarts), Bron: MedischContact.Artsennet.nl
" 28

Hieruit blijkt dat enerzijds de kosten voor de AWBZ lager zijn dan gezegd en gedacht en dat anderzijds met een wijziging in de premievaststelling er een veel eerlijker inkomensbeeld ontstaat.

De vraag komt op: zijn er nog meer zaken op de kosten van de Gezondheidszorg geboekt die eigenlijk ergens anders thuis horen?

☐ Een groot misverstand in de gezondheidszorg is dat de zieke de kosten veroorzaakt. Ogenschijnlijk is dit logisch, maar in feite bepaald het aanbod de vraag. Het aanbod van zorgverleners wordt hiermee bedoeld. De huisarts wordt betaald op abonnementsbasis en heeft dus geen belang in de mate hoeveel een patiënt behandeld wordt, maar alle andere zorgverleners, als specialisten, therapeuten e.d. worden via stukloon betaald en hebben dus groot belang in de omzet. Ze kunnen dus sturen op omzet en het inkomen wat daar bij hoort. Vandaar dat er nu een systeem is van een budget per ziekenhuis inclusief het specialistenhonorarium. Dat geeft veel zorgen voor de ziekenhuisbestuurders. Dit systeem is net nieuw. afgewacht moet worden hoe zich dit ontwikkeld.

Maar het aanbod aan zorgverleners is sterk vergroot door talloze particuliere klinieken. Dit geeft de patiënt veel keuze vrijheid, maar werkt natuurlijk door op het kosten niveau. Dit alles kan door de invoering van de marktwerking in de gezondheidszorg. Men gelooft daar heilig in, maar het geeft dus veel ruimte terwijl er vroeger sprake was van een centrale aansturing van de capaciteit in de gezondheidszorg. Alles dus kostenverhogend.

Zoals we allemaal weten stijgen de kosten van de gezondheidszorg explosief en alles wordt uit de kast gehaald om ze te beteugelen. Zo zijn er afspraken gemaakt met de huisartsen, specialisten en ziekenhuizen om de omzet en daarmee de kosten niet meer te laten stijgen dan een vooral afgesproken percentage. Bij eventuele overschrijding daarvan dient dat later terugbetaald te worden. De kosten van medicijnen zijn sterkt verminderd, ja zelfs afgenomen door parallelle import toe te staan en doordat verzekerden nu de goedkopere medicijnen moeten afnemen.

Los van de inhoud van het eerder geciteerde artikel blijft het feit overeind dat de kosten van de Algemene Wet Bijzondere Ziektekosten (AWBZ) erg gestegen zijn en zich op een onaanvaardbaar niveau bevindt. Hoe het is gekomen dat alles wat daaronder valt een wettelijke basis heeft gekregen is de vraag (wellicht een Parlementaire Enquête waard), maar dat er omgebogen moet worden is een feit.
Staatssecretaris Martin van Rijn heeft op zich genomen dit te realiseren en hij heeft het geweten: Door je eigen vader

publiekelijk ter verantwoording te worden geroepen op de TV met de zorg (of juist geen zorg) voor zijn vrouw en Martin`s moeder als voorbeeld! Het kàn niet erger.

De huidige situatie van de AWBZ is de uitkomst van indicatie stelling door meestal het Centrum Indicatiestelling Zorg (CIZ), die bemenst is met daartoe hoog opgeleide deskundigen, die weten waar het over gaat.

De ombuiging die nu in gang gezet is dat er gedecentraliseerd wordt, dat het Rijk de taken heeft overgedragen aan de lagere overheid, de Gemeente. Die staat dichter bij de zorgvrager en zou beter de situatie en de benodigde zorg kunnen inschatten.

Op zich prima als daarvoor opgeleide mensen zouden werken, maar dat is nog maar gedeeltelijk het geval, de zaak moet nog opgebouwd worden. De gevolgen laten zich raden vooral omdat het toegekende budget 25% minder is dan er eerst voor besteed is! Een pure bezuiniging!

Datzelfde gebeurd trouwens met de Jeugdzorg en de langdurige Werkloosheid.

Om een lang verhaal kort te maken hoeven we maar te herinneren aan de PGB-crisis (Persoons Gebonden Budget) toen het daarvoor aangewezen uitvoeringsorgaan, de Sociale Verzekerings Bank (SVB) er een puinhoop van maakte.

We houden ons hart vast wat dit voor ellende nu in de toekomst met zich mee zal brengen.

In het dagblad de Telegraaf van 2 januari 2016 stond een onthullend artikel over deze materie met als titel "Verwar en heers", dat zeer lezenswaard is.

29

Men dient zo lang mogelijk thuis te wonen en geholpen te worden door de mantelzorg. Mantelzorg is nu het sleutelwoord: de familie, vrienden en buren dienen nu degene die ontslagen is uit het ziekenhuis, of niet meer in een verzorgingshuis kan wonen o.i.d. te helpen.

Dat er minder kinderen per ouder zijn dan vroeger, dat ouders niet meer bij hun kinderen wonen, dat er überhaupt geen kinderen zijn, dat kinderen elders wonen, aan het werk zijn, het door scheidingen soms helemaal niet meer duidelijk is wie bij wie hoort, etc. etc., daar wordt niet aan gedacht.

We zien nu dus een kaalslag onder de verzorgingshuizen, pure kapitaalvernietiging waar alleen de projectontwikkelaars en makelaars wel bij varen.

We noemden al dat de gemeenten nu de zorg moeten gaan regelen voor haar bewoners. Helaas zijn dat allemaal verschillende regelingen per gemeente. Er ontstaat nu zelfs een trek naar gemeenten die betere zorg verlenen dan een andere. In de rijke gemeente Laren in het Gooi werd er in de Gemeenteraad openlijk de zorg geuit over de "Ouderen Import" die Laren treft. Dat het eigenlijk zo niet langer kan! Let wel, we hebben het over Laren, niet over Lutjebroek die op zwart zaad zit!
Alhoewel er een wethouder in Laren was die het over stille armoede had en noemde als voorbeeld dat de dure auto's zonder benzine op de oprijlanen stonden! [30]
In de kranten staan regelmatig schrijnende verhalen over ouderen die aan hun lot worden overgelaten. [31]

"Moeten we blij zijn met het initiatief van Albert Heijn die zorg-caissières gaat opleiden om de hulpbehoevende onder ons te signaleren en door te sturen naar zorgverleners? Op zich een goed en verrassend initiatief, maar aan de andere kant laat het ook zien hoe ver we zijn doorgeschoten in onze versobering van de verzorgingsstaat, het is toch ook een schrijnend lapmiddel. Ook het afstoten van bedden voor psychiatrische cliënten heeft het effect dat men (langer) thuis blijft wonen.

Mantelzorg is niet altijd beschikbaar of ontoereikend. Dat geeft vaak overlast voor buren en buurt. Woningcoöperaties worden zo met de gevolgen geconfronteerd en zitten vaak met de handen in het haar. Ook zwerven deze cliënten als dak- of thuislozen meer door onze steden en dorpen. Op de politie en de crisisopvang wordt een steeds groter beroep gedaan." [32]

Willen we dat? Moet het zover gaan?

Het Kapitaal

Er is heel veel veranderd in alles wat maar met de kapitaalbehoefte te maken heeft. De Bank- en kredietcrisis heeft het bankwezen en de politiek op de feiten gedrukt. Tal van regels zijn aangescherpt en de vereiste reserves bij de banken zijn sterk verhoogd.

In dezelfde tijd is er een golf van fusies en bedrijfsovernames geweest waardoor het beeld van het bedrijfsleven ingrijpend is veranderd. Ook ziekenhuizen, zorgverzekeraars en onderwijsinstellingen fuseerden c.q. fuseren alsof hun leven er van af hangt. Dat er een kritische massa is waar men tegen aan kan en zal lopen is daar nog niet doorgedrongen.

De banken stellen zich zeer terughoudend op bij de kredietverstrekking aan het bedrijfsleven en vooral aan het Midden en Kleinbedrijf (MKB). Dit wordt als zeer frustrerend

ervaren en houdt de facto ook een verdere ontwikkeling tegen,

Maar er is één fenomeen wat vooral opvalt, dat is de rol van de zogenaamde "Durfinvesteerders".

33

Dit is een manier van investeren die uit Engeland komt en daar venture capitalists genoemd wordt.

Deze investeerders investeren in jonge [33]veel belovende bedrijven of kopen een wat slecht lopend bedrijf op en weten die weer op te peppen tot een op het oog goed lopende onderneming en verkopen die dan met (veel) winst door. Als alles goed gaat is dat prima, maar soms gaat het niet zo als gedacht. Dan loopt het bedrijf minder dan gedacht.

De investering die men in het bedrijf heeft gedaan wordt in de boeken als lening opgenomen en daar moet rente over worden betaald. Een kostenpost die men voorheen dus niet had. Dat drukt de bedrijfswinst. Daardoor kan het voorkomen dat het bedrijf niet meer winstgevend kan worden. Men verkoopt het dan met verlies of heft het op.

Het komt er dus op neer dat de winst kunstmatig wordt gedrukt (normaal belast voor 52% belasting) t.g.v. winst bij verkoop van de aandelen (belast met 1,2% vermogensbelasting).

Op dit moment loopt er een plan tot wetswijziging om het belastingtarief aan te passen. Maar het is logisch dat de politiek en de vakbonden hier met een schuin oog naar kijken.

Daar komt nog bij dat vaak een bedrijf gesplitst wordt in een deel dat eigendom is van de gebouwen en een deel dat alleen geestelijk eigendom van het merk is.

Dan moet -in tegenstelling tot daarvoor- ook nog huur betaald worden, wat opnieuw de winst drukt.

Een en ander kan grote consequenties hebben. Als voorbeeld: op het moment van schrijven tijdens de jaarwisseling 2015/2016 zien we het V&D concern omvallen met 5.000 medewerkers en opnieuw 5.000 medewerkers in de dochter La Place. We zien Macintosh met tal van schoenenmerken als Scapino, Dolcis, Invito en Manfield met ook ruim 5.000 medewerkers. Totaal dus 15.000 ontslagen die aangekondigd zijn deze jaarwisseling en opgeteld kunnen worden bij al ruim 600.000 die er nu zijn!

Men zuigt als investeerder dus vaak het bedrijf leeg en laat de medewerker werkloos achter. Het is niet bepaald een handelswijze die ons als Nederlanders voor ogen staat.

Al met al kan geconcludeerd worden dat er heel veel veranderd is in Nederland. Nu is stilstand achteruitgang, maar of dat hier opgaat?

Per saldo zijn er steeds meer kinderen die in armoede opgroeien, meer dak- en thuislozen, meer eenzame mensen, meer gebruik van de voedselbank en vooral stille armoede, verdriet van zieke, gehandicapte en chronische mensen die maar moeten zien hoe ze het kunnen (of niet) rooien.

Vooruitgang? Kan het anders?

4

ZIJN ER WETMATIGHEDEN?

Waarom staan de beste stuurlui toch altijd aan wal?
U kent deze gezegden, deze volkswijsheden, wel. Er zit altijd een kern van waarheid in. Sterker nog, meestal slaan ze de spijker precies op de kop!
Vaak weet niemand de oorsprong van deze gezegden, maar dagelijks worden ze in allerlei situaties gebruikt.
Want u weet: *Kinderen morsen niet op een smerige tafel!*
In de economie zijn er ook van die gezegden die we best universele waarheden kunnen noemen. Ze werpen een ander licht op de zaak en verklaren veel.
Want wanneer je een lening nodig wilt, moet je eerst bewijzen dat je hem niet nodig hebt!
In het kader van dit boek, waarin we proberen het raadsel van de ontsporende macht in Europa en daarmee in Nederland te verklaren, is het goed daar ook eens naar te kijken.
Volgens het Scheermes van Hanlon is de volgende stelling bekend: *Schrijf niet aan kwade wil toe, wat door domheid kan worden verklaard!*
Dat lijkt me bij uitstek een gezegde dat op de Europese Unie van toepassing is!

Wet van Murphy

"Deze wet, toegeschreven aan Edward A. Murphy (1980-1990) luidt (vertaald): *Als iets mis kan gaan, dan gaat het ook een keer mis.*
Murphy was ruimtevaartingenieur die aan veiligheidssystemen werkte. Hij wilde met zijn uitspraak de nadelige kant van de wet op de grote aantallen illustreren. Want hoe goed je veiligheidssystemen ook maakte: *Uiteindelijke zal het toch een keer fout gaan.* Andere uitspraken zijn: *Dat een fout altijd op het onaangenaamste moment gebeurt,* en: *Succes wordt door slecht weinig mensen gezien, terwijl falen altijd volop in de schijnwerpers staat.*" [34]
Deze laatste kennen we ook als populair gezegde: *Succes kent vele vaders, een mislukking blijkt meestal wees!*

Als we nu naar de uitvoering van genomen politieke besluiten kijken dan denken we aan de invoering van het nieuwe PGB-systeem, waarbij alles mis ging wat maar mis kon gaan. De invoering van de nieuwe Jeugdwet. Het Toeslagen systeem en nieuwe computersystemen daarbij. Het niet waarschuwen door luchtvaartautoriteiten voor gevaarlijk in oorlog zijnde landen. Srebrenica. Een academisch ziekenhuis dat onder water loopt door een gesprongen waterleiding. Sinterklaas die een kinderverkrachter bleek te zijn. En daar kunt u vast nog veel meer voorbeelden bij bedenken.

Wet van Parkinson

"De wet van Parkinson stelt dat het werk (van een taak) uitdijt naar de beschikbare tijd (om een taak te realiseren). *"Work expands to fill the time available for its completion."* Cyril Northcote Parkinson formuleerde deze op waarneming gebaseerde wet in zijn boek Parkinson's Law: The Pursuit of Progress (London, John Murray, 1958). Parkinson stelde vast dat de omvang van het Britse imperium afnam terwijl het ambtelijk apparaat van het Britse imperium in omvang toenam. De oorzaak hiervan was volgens Parkinson tweeledig:

- ☐ Een manager wil, in plaats van meer rivalen, meer ondergeschikten.
- ☐ Een manager creëert werk (ze houden elkaar bezig).

Parkinson nam waar dat het aantal mensen in een bureaucratie, onafhankelijk van het werkaanbod, met 5-7% per jaar toeneemt zonder dat hiervoor een logische verklaring te vinden was.
De wet van Parkinson is in algemene bewoordingen als volgt te formuleren: *de vraag naar iets zal zich altijd aanpassen aan de maximale beschikbaarheid ervan.*

Naast de hierboven beschreven wet heeft Parkinson nog enkele wetten gedefinieerd, zoals de trivialiteitswet die geldt bij vergaderingen: *de tijd besteed aan een agendapunt is omgekeerd evenredig met het bedrag waarom het gaat.* Andere wetten van Parkinson betreffen het onderhoud van een bedrijf (*"hoe netter een bedrijf, hoe slechter het draait"*), *de optimale grootte van commissies en de verbreiding van jaloezie en incompetentie binnen een onderneming."* [35]

In een eerder hoofdstuk stipten we de enorme groei van ambtenaren al aan. Dit is overal het geval, zowel in Nederland als in Europa. Het is gewoon niet te stoppen. Telkens als er een kabinetsformatie is dan wordt er het dappere besluit genomen om het aantal ambtenaren met bijvoorbeeld 10% te verminderen. Voor zover dat lukt worden er dan weer externe deskundigen ingehuurd om dit te compenseren. Dat aantal is trouwens van een zorgelijk hoog niveau!
Het bewijs van Parkinson zien we dagelijks om ons heen.

Peterprincipe

"Het Peterprincipe (ook wel Peter Principle) is een wet op het gebied van de organisatiekunde, in 1969 geformuleerd door dr. Laurence J. Peter, die beoogt een verklaring te geven voor het slechte functioneren van veel organisaties.
Hoewel de "wet" met een korrel zout genomen dient te worden, is ze niet van alle realiteit ontbloot. Deze wet is in dit opzicht verwant aan de Wet van Parkinson.

Het Peterprincipe is als volgt geformuleerd:

In een hiërarchie stijgt elke werknemer tot zijn niveau van incompetentie.

Het door Peter beschreven "mechanisme" werkt aldus dat een werknemer die in zijn eerste functie binnen de hiërarchie goed functioneert, in beginsel in aanmerking komt voor promotie naar een hogere functie. Indien hij in die volgende functie ook goed functioneert, staat de weg naar een volgende hogere functie, indien beschikbaar, weer open.

Dat proces stopt echter wanneer de werknemer na zijn promotie niet meer zoals verwacht blijkt te functioneren. Zijn (extra) vaardigheden of eigenschappen zijn kennelijk overschat. Vanaf dat moment neemt zijn nut voor de organisatie echter snel af, desnoods totdat hij (per saldo) een negatieve bijdrage aan de organisatie levert.

Maar terugplaatsing in zijn vorige functie is helaas niet mogelijk: zowel de werknemer als de organisatie zouden daarmee impliciet toegeven een beoordelingsfout gemaakt te hebben. De werknemer blijft dus in zijn functie gehandhaafd ondanks problemen. Peter geeft in zijn boek een groot aantal fictieve en hilarisch geformuleerde voorbeelden van deze situaties: meestal gaat het om leidinggevende taken die de werknemer niet blijkt aan te kunnen. De werknemer slaagt er in die voorbeelden niet in zich de benodigde kennis eigen te maken (of doet daar ook geen pogingen toe). Hij blijft ofwel zijn oude werk doen, zonder datgene te doen wat hij in zijn nieuwe baan eigenlijk zou moeten doen, ofwel ontwikkelt hij een aantal verdedigings- en verdringingsmechanismen om zijn slechte functioneren te maskeren. Hij gaat bijvoorbeeld onevenredig veel aandacht besteden aan zaken die voor een goede uitvoering van zijn werk niet essentieel zijn.

Peter stelt dat als dit proces maar lang genoeg doorgaat, elke werknemer in theorie zijn niveau van incompetentie kan bereiken. Als alle werknemers in een hiërarchie dit niveau bereikt hebben, is de hoeveelheid verricht nuttig werk nul, aldus Peter." [36]

Iedereen die in een grote organisatie gewerkt heeft zal dit Peterprincipe herkennen. Er is zelfs een grote kans dat dit jezelf is overkomen! Hoe komt dit toch? Is het hoogmoed? Is het het denken dat je het beter kan doen dan je baas? Of pure geldzucht die samenhangt met een hogere salariëring van de hogere functie? Of een combinatie?

Opvallend is ook dat bij politieke benoemingen er nog een factor bij komt: het benoemen in functies waarvoor men niet is opgeleid!

Denk aan een minister van Defensie die de Schroevers opleiding heeft gevolgd, een ander had een assurantiekantoor. Een minister van Verkeer en Waterstaat die kleuterjuf was, een ander was toeristisch medewerker.

Op het Ministerie van Verkeer en Waterstaat begon het pas te lopen toen er een ingenieur als minister werd benoemd

(Eurlings), toen werden de wegen in hoog tempo verbreed naar driebaans wegen!

Het grootste deel van de leden van de Tweede Kamer (en een deel van de Regering) komen uit de ambtelijke wereld of men was eerst politiek assistent van een Kamerlid, zo rechtstreeks van de schoolbanken. Men had en heeft geen enkele ervaring in een functie in de maatschappij. Het zijn theoretici zonder gevoel voor praktische zaken in het werkelijke leven.

Kortom het is niet alleen zo dat de beste stuurlui aan wal staan, ze worden ook nooit op de juiste plaats benoemd!

Wie controleert de controleur?

Een op het oog theatrale vraag, waar slaat dat nu op zou je denken. Maar als we wat langer doordenken komen er toch allerlei herinneringen naar boven die de laatste jaren de pers haalden. Zoals de schandalen bij de accountantsreus KPMG, waarvan de top onjuiste beleggingen deed om te speculeren, de bouw van een nieuw hoofdkantoor, de belastingclaim e.d.

37

Om een idee te geven wat er allemaal speelde citeren we graag een opinie artikel van 29-6-2014 in DeventerCentraal:

"De directeur van de club die moet controleren of instellingen in de zorg zich wel aan regels houdt, laat reisjes betalen door de zorginstellingen die hij moet controleren. Dan ben je chantabel. "Maar hij heeft zich aan de regels gehouden", was het verweer van de Zorgautoriteiten. Precies dat verweer is in een notendop het failliet van onze regeltjesmaatschappij.

Onze onthulling van fraude in een zorgboerderij in Salland is een mooi voorbeeld. De zorgautoriteiten zijn wel op de hoogte gesteld, maar gingen niet over tot onderzoek. Dat deden ze pas na publicatie. Waarom? We zullen het nooit weten.

Wie controleert de controleur?

We hebben het allemaal wel eens meegemaakt: wil je een bouwvergunning, kom je er eerst achter dat ijverige ambtenaren zo'n vergunning een andere naam gegeven hebben (omgevingsvergunning, het houdt je van de straat) en vervolgens is er altijd wel gezeik over een regeltje zus of een regeltje zo. Slaat allemaal nergens om, maar omdat je je vergunning wil doe je keurig wat de ambtenaar je vraagt. Macht.

De maatschappij stelt ambtenaren aan om namens de maatschappij de zaak te regelen. Ambtenaren draaien dat meestal om. Ze willen dat de maatschappij het doet zoals zij vinden dat het moet. Dat moet anders. Kijk wat er gebeurt als mensen het zelf moeten uitzoeken. Op basis daarvan maak je regels die je gebruikt als het even nodig is. Verder laat je de maatschappij lekker zijn gang gaan.

Maar in plaats van dat het hulpjes zijn, zijn regels uitgegroeid tot maatgevende stellingen. IJverige ambtenaren handelen niet in de geest, maar naar de letter van de wet, en niet naar de wil van de hun betalende maatschappij, maar volgens hemeltergende eigen interpretaties.

Op de middelbare school lachten we om de economische vijfjarenplannen van de Russen die zo strikt gehanteerd werden dat ergens in de Oerol een fabriek nog schroeven maakte voor een trekker die in de Karpaten al lang niet meer in productie was. Lachen man! Zelf leven we nu in een land waar bestemmingsplannen na procedures met quasi-inspraak drie jaar in voorbereiding zijn en vervolgens vijf jaar maatgevend.

Zo kan iemand hemel en aarde moeten bewegen om een huis van maximaal 600 kuub op de tekentafel te krijgen terwijl ambtenaren dan al weten dat een jaar later 750 kuub ook geen probleem meer is. En ook die 750 kuub is een paternalistische gedachte waarvan je denkt 'waar bemoei je je mee'. Het moet allemaal gecontroleerd worden. En ineens blijkt dat die controleurs niet half te vertrouwen zijn. Directeuren van de bank zijn al door de mand gevallen. Linkse bestuurders als Kok, Bos en Cohen vulden na hun politieke carrière rechts hun zakken. Die baas van de zorgautoriteiten hield zich vast aan regels, maar is ethisch een verderfelijk type. Directeuren van zorginstellingen, woningstichtingen, scholen- gemeenschappen en ziekenhuizen moeten heel veel geld verdienen omdat ze zulke belangrijke jobs hebben. Als de baas van Vestia voor de parlementaire commissie moet verklaren waarom hij zich zelf schofterig veel geld toe-eigent, blijkt zijn geheugen ineens heel slecht. Hoe idioot, dat iemand op zo'n positie ineens een slecht geheugen heeft. Onderzoekers van de universiteit blijken geregeld hun basisgegevens zelf te verzinnen. En dan weten we dat alleen nog maar van de gevallen die wél aan het licht kwamen.

Wie controleert de controleurs? De ombudsman... Die Van Woerkom vindt iets van Marokkanen en gelooft dat we hem vertrouwen op anders denken na excuus. Als directeur van de ANWB nam hij politieke standpunten (rekeningrijden) in namens zijn leden, maar die leden zijn alleen maar lid omdat ze bij pech onderweg geholpen wilden worden. En

nu blijkt hij bij de ANWB weggestuurd te zijn omdat
ze het beleid daar om wilden gooien en daar konden
ze hem niet voor gebruiken. Van Woerkom kreeg
drie ton mee. Dat wist ie al een jaar. En hij is de
man die door onze politici werd aangewezen de
controleurs te gaan controleren.
Gelukkig ging dat niet door. Maar er is geen enkele
reden te denken dat de volgende wel verstandig is." [38]

Prof. Mr. Jit Peters gaf een afscheidscollege aan de
Universiteit van Amsterdam onder de titel: "Van Wie Zijn
Zij? De Ambtenaren". Daarin wordt op treffende wijze de
link tussen ambtenaren, controle en de vierde macht
beschreven.
"Er is nog zo'n gezegde: *'vertrouwen is goed, controle is*
beter'. Maar wie controleert die controleurs dan? Wie
controleert inhoudelijk of controleurs hun werk goed
gedaan hebben? Niemand toch? En als controle er niet is,
blijft vertrouwen dus over..." [39]

Nog een wat onderbelicht aspect: wie zijn die controleurs?
Vaak zijn het accountants en die zijn in overgroot aantal
Gereformeerd. Wat heeft dat er nou mee te maken, zult u
denken, maar dan citeer ik graag datgene wat daarover
door de Accountants zelf wordt gezegd in hun vakblad "De
Accountant":

vrijdag 16 juli 2010

Meer dan je op grond van gemiddelden kunt verwachten is de Nederlandse accountant gereformeerd. Is er echt een verwantschap tussen het beroep van de accountant en de gereformeerde gezindte?

Over deze vraag sprak 'de Accountant' met een groot aantal betrokkenen en deskundigen. In het daaruit voortvloeiende artikel in het juli/augustusnummer *komt naar voren dat accountancy zeker vroeger een 'gereformeerd' beroep was. In ieder geval gold dat voor de top van veel kantoren en ook voor het personeelsbestand van het NIVRA.*

Die oververtegenwoordiging lijkt nog steeds aanwezig en volgens velen is dit geen toeval. "Een Bijbelse grondwaarheid is immers dat de mens geneigd is tot alle kwaad. Nou, dan is een beetje controle wel op zijn plaats", aldus een van de geïnterviewden.

Een ander wijst er op dat het accountantsberoep kenmerken heeft die dicht bij de 'protestantse ethiek' liggen. "Ten eerste de gerichtheid op waarheidsvinding. Zoals de Bijbel de absolute waarheid bevat, heeft de accountancy het altijd gehad over 'het getrouwe beeld'. Ten tweede de nadruk op normen: het voortdurende oordelen over goed en slecht. Ten derde het arbeidsethos: het harde werken en de vasthoudendheid waarmee men zich richt op het doel. En ten vierde een diep moreel besef, de neiging om ethische vragen te stellen.'" 39a

Niet te geloven: voelen accountants zich verantwoordelijk om goed en kwaad te beoordelen? Voelen ze zich een afgevaardigde van hun God die ons moet beoordelen?
Als je dit allemaal leest dringt zich een waarheid als een koe op, namelijk dat dit ook wel eens de reden kan zijn dat Noord en Zuid Europa zich zo slecht verstaan. Het begint al in Nederland "beneden de rivieren" zoals dat heet. Denk aan de andere ambtelijke verhoudingen in Brabant en Limburg, denk aan Roermond met oud wethouder Jos van Rey. Denk aan de bouw in Limburg etc. etc.
Griekenland vroeg Duitsland om een Duitser aan te wijzen die het belastingsysteem zou gaan reorganiseren. Duitsland bedankte voor die eer, want je moet je niet voorstellen wat er zou gebeuren! Nee de controle door het Noorden kan zo niet in het Zuiden van Europa toegepast worden. Het zijn twee werelden.
Maar als het dan twee werelden zijn, waarom zijn ze dan samengevoegd in één Europese Unie?
Zuid Europa vraagt zich dan ook steeds af waarom moeten we doen wat die Duitsers willen? We willen die controle niet! Op geen enkel vlak, niet met geld, geen belastingen,

geen grensbewaking, geen vluchtelingen, nergens laten we ons controleren en de wet voorschrijven door het Noorden. Regels verstikken en dat willen we niet!

Doorschuiven

Het kenmerk van grote ambtelijke organisaties is dat er altijd moeilijke beslissingen moeten worden genomen; er is altijd een hoger niveau die er ook naar moet kijken en over meebeslissen, er is altijd een nog hoger niveau die er ook naar moet kijken en over meebeslissen, er is altijd een nog veel hoger niveau die er ook naar moet kijken en over meebeslissen, etc.

Er wordt geen verantwoordelijkheid gevoeld, men schuift alleen maar zaken door.

Voordat een door de politiek genomen besluit is uitgevoerd kan er maanden, ja jaren over heen gaan. Ze hopen gewoon op een volgend kabinet die het weer anders wil, of dat het dan vergeten is.

Boekhoudsysteem

Als je aan een boekhouding denkt dan denken de meeste mensen aan een staat van bezittingen en schulden, die we Balans noemen en een tweede staat waar alle ontvangsten en uitgaven staan, die we Verlies- en Winst rekening noemen. Op die balans is rekening gehouden met vorderingen en schulden die we op dat moment hadden. Dit systeem wordt overal in het bedrijfsleven toegepast, ja is zelfs vereist.

40 Boekhouder

Maar als je kijkt naar de boekhouding van de Overheid, dan blijkt dat het daar heel anders toegaat. Men werkt daar volgens het "Kameralistische stelsel waarin ontvangsten en uitgaven worden vastgelegd. Dit stelsel is gericht op het inkomen en de vertering daarvan. Daarbij wordt inkomen in aanmerking genomen op het moment dat het is ontvangen, en vertering van inkomen op het moment van de uitgave. Nadeel van deze methode is, dat de boekhouding slecht controleerbaar is en de jaarrekening, de staat van ontvangsten en uitgaven, pas opgesteld kan worden als alle ontvangsten en uitgaven over de periode zijn gedaan." [40]

Als je de consequenties hiervan op je in laat werken kom je tot een afschuwelijk besef: onze Overheid houdt dus geen rekening met vorderingen en schulden. Alles wat men koopt boekt men dat in het betalingsjaar in één keer af! Daarmee is dit systeem totaal onvergelijkbaar met wat er elders aan denken is.

In het bedrijfsleven worden investeringen over meerdere jaren afgeschreven (bijvoorbeeld 50 jaar voor gebouwen), maar de overheid doet dat in één jaar! Indien men dus bijvoorbeeld een windmolenpark neer zet die men in stel 30 jaar terug kan verdienen, wordt dat park niet over 30 jaar afgeschreven maar in 1 jaar.

Op deze wijze zijn de overheidsuitgaven dus gewoon een kasboek en totaal onvergelijkbaar met andere sectoren.

Daar komt dus dan bij dat de berekening van het Overheidstekort en andere zaken, een totaal verkeerd beeld geven. Dat werkt heel vervelend door bij te nemen beslissingen over bezuinigingen e.d. Een totaal vertekend beeld ontstaat zo!

Boekhouders bezuinigen alles kapot!

We moeten ons goed beseffen dat boekhouders opschrijven wat er gebeurd is, ze beperken zich tot het hier en nu. Ze houden dan ook nog rekening met kosten die ze nog verwachten en opbrengsten waarvan ze zeker weten dat die invorderbaar zijn. Verder kunnen en mogen ze niet kijken. Nu valt de werkelijkheid dikwijls tegen en als ze dus een prognose voor het management maken gaat dit altijd van het negatieve uit. Want mochten ze wat vergeten, of fout doen, dan wordt hun dit later verweten.

Dit denken wordt voor hen een zekerheid, zodra je hun dus een mening vraagt over te nemen beleidsbeslissingen, gaan ze ook van zekerheid uit. Als zaken zijn tegengevallen, moet er volgens hen direct bezuinigd worden. De oorzaak doet er minder toe: bezuinigen of ombuigen om het te verpakken

Dus als de kosten van de gezondheidszorg tegenvallen is het een goed idee om het een ander in de schoenen te schuiven, maar dan wel tegen minder geld. Lekker bezuinigd!

Boekhouders zijn geen visionairs, geen mensen die oplossingen zoeken op onbekende paden, geen optimisten die denken "als we het nou eens anders doen", nee direct bezuinigen.

Het creatieve denken staat stil, angst regeert hier. Ze vinden het veel beter als een ander beslist: afschuiven dus! Kortom; de aanpak van boekhouders en daartoe kun je de ambtenaren ook rustig rekenen, is niet zo dat je van hun het heil hoeft te verwachten. Daar heb je andere mensen voor nodig en de boekhouders kunnen dan rustig blijven opschrijven wat dat gekost en opgebracht heeft.

Utopie

"Utopie is een literaire en filosofische term die men kan omschrijven als onmogelijke werkelijkheid, een ideale wereld die echter niet bereikt kan worden.

Het tegengestelde van een utopie is een dystopie of anti-utopie.

Het woord utopie werd voor het eerst gebruikt in het boek Utopia van Sir Thomas More. De term komt uit het Grieks en speelt in op de ambiguïteit tussen ou-topos (met ou als negatie, dus een niet bestaande plaats) en eu-topos (met eu als het goede, dus een gelukkige samenleving). In het boek vertelt een reiziger over een ver land dat hij bezocht. Iedereen is er gelijk, alle huizen en straten zijn er hetzelfde en privébezit bestaat niet. De ziekenhuizen zijn zó goed dat zieken er heel graag willen worden opgenomen. De wetten van het land kunnen

41 Utopia

door elke inwoner begrepen worden. Bovendien voert het land nooit oorlog. Thomas More schreef dit boek echter niet als ontwerp voor een werkelijke staat.

De utopie is een vrije vorm van politieke filosofie. In de utopie ontwerpt de bedenker een ideale staat of samenleving. Deze heeft vaak (doch niet noodzakelijkerwijs) een socialistische of communistische snit: maatschappelijke tegenstellingen zijn er verdwenen, alle bezit is er eerlijk verdeeld of eigendom is zelfs afgeschaft, de burgers zijn er eensgezind en leven automatisch deugdzaam. Door Karl Marx werden zulke denkers, van wie hij zich wilde distantiëren omdat zij zich niet baseerden op de door hem veronderstelde wetmatigheden van de werkelijkheid en het historisch materialisme, betiteld als utopische en niet-wetenschappelijke socialisten. Zelf had Marx in zijn werk Kritiek op het program van Gotha een schets gegeven van enkele kenmerken van een toekomstige klasseloze maatschappij, zonder een echte uitgewerkte blauwdruk voor een dergelijke samenleving." [41]

Doet u deze omschrijving ook niet aan wat denken? Aan het Europa dat de Europese Unie wil samenstellen? Waar alle landen gelijk zijn, waar geen Noord, Zuid, Oost of West meer wordt onderscheiden? Hoe zou dat nu verder gaan?

5
ECONOMIE IS PSYCHOLOGIE

Allerlei invloeden, de één meer serieus dan de ander, zijn dus van invloed op ons economisch leven, maar nu rijst de vraag in hoeverre de economie al of niet maakbaar is.

Daarbij dienen we onderscheid te maken in de monetaire economie en in de gewone economie. De monetaire economie is bij de vorming van de Europese Unie in handen gegeven van de Europese Centrale Bank (ECB). Over die invloed spraken we al in een eerder hoofdstuk en daar komen we later nog op terug. In dit hoofdstuk willen we vooral de gewone economie behandelen.

Die kunnen we het beste benaderen vanuit vier hoofdpunten:

- ☐ Voor de Eerste Wereldoorlog
- ☐ Na de Eerste Wereldoorlog
- ☐ Na de Tweede Wereldoorlog
- ☐ Na de Bank en kredietcrisis

Voor de Eerste Wereldoorlog

Was er voornamelijk de Laisser-faire economie. "Laisser-faire is een in de economie gebruikelijke uitdrukking voor de vrijheid van productie en (handels)verkeer; letterlijk is de betekenis ongeveer "maar op zijn beloop laten, maar laten gaan, de vrije hand laten", het tegengestelde dus van dirigisme en interventionisme. Een variant in de gebiedende wijs is laissez faire, letterlijk *"laat op zijn beloop, laat gaan"*. De woordgroep is aan het Frans ontleend.." [42]

Men liet de zaak dus letterlijk op zijn beloop, je kunt dus rustig stellen dat er geen economisch beleid was. Alles werd aan de markt en de privésector overgelaten, de overheid speelde geen enkele rol.

Na de Eerste Wereldoorlog

Waren er zeer moeilijke vredeonderhandelingen, die vonden plaats in Versailles, in Frankrijk.

Het verdrag dat toen moeizaam tot stand kwam heet dan ook "Het Verdrag van Versailles, Ook Vredesverdrag van Versailles of Vrede van Versailles genoemd, was een verdrag tussen Duitsland en de tegenstanders en het belangrijkste van de vijf in voorsteden van Parijs in 1919/20 gesloten verdragen, waarmee de Eerste Wereldoorlog formeel werd beëindigd.

Het Verdrag van Versailles werd op 28 juni 1919 (precies vijf jaar na de moord op Frans Ferdinand van Oostenrijk, de directe aanleiding voor het uitbreken van de oorlog), na afsluiting van een op 18 januari 1919 te Parijs begonnen geallieerde vredesconferentie, in de spiegelzaal van het kasteel van Versailles door vertegenwoordigers van het Duitse Rijk (Johannes Bell, 1868-1949 en Hermann Müller, 1876-1931, beiden minister in het zojuist aangetreden kabinet-Bauer, het voorgaande kabinet-Scheidemann was over de verdragstekst gevallen) enerzijds en door 26 geallieerde en geassocieerde regeringen (Rusland ontbrak) anderzijds ondertekend en trad op 10 januari 1920 in werking.

43 Tekening verdrag Versailles

De teksten van het Verdrag van Versailles werden tijdens genoemde geallieerde voorbesprekingen als compromis tussen de regeringsleiders van Frankrijk, Engeland en de Verenigde Staten, respectievelijk Clemenceau, Lloyd George en Wilson (deze laatste had erop aangedrongen dat de geallieerde regeringsleiders persoonlijk aan de onderhandelingen deelnamen) zonder inbreng van Duitse vertegenwoordigers uitgewerkt en op 7 mei 1919 aan de Duitse regering voorgelegd. Duitse schriftelijke tegenvoorstellen die daarop volgden, werden door de geallieerden nagenoeg volledig afgewezen en op 16 juni 1919 beantwoord met een ultimatum om het verdrag binnen vijf dagen te accepteren. Met het oog op het geallieerde dreigement, Duitsland geheel te bezetten en in de hoop op de mogelijkheid tot een spoedige revisie, veranderde de meerderheid van de Nationale Vergadering van de Weimarrepubliek haar aanvankelijk afwijzende houding en stemde na terugtreden van het kabinet-Scheidemann met een meerderheid van 99 afgevaardigden op 22 juni 1919 in met de ondertekening van het verdrag. Het "Dictaat van Versailles" werd in Duitsland als een zware vernedering beschouwd. De bekende Britse econoom John Maynard Keynes, die als topambtenaar de vredesbesprekingen had bijgewoond, waarschuwde indertijd in een boek voor de zijns inziens desastreuze gevolgen van dit vredesverdrag." [43]

"De Duitse Herstelbetalingen na de Eerste Wereldoorlog zijn de herstelbetalingen die na de Eerste Wereldoorlog aan Duitsland zijn opgelegd, op basis van het Oorlogsschuldartikel 231 van het Verdrag van Versailles. Duur en hoogte van de betalingen werden niet in het verdrag vastgelegd, maar zouden worden vastgesteld door een commissie met een verreikende controlefunctie zonder Duitse deelname. Deze commissie moest het economische vermogen van Duitsland bepalen.

Het inkorten, verschuiven, respectievelijk definitief beëindigen van deze herstelbetalingen was het voornaamste doel van de Duitse buitenlandse politiek.

Spotprent van Will Dyson uit 1919; een kind met bijschrift "1940 class" (lichting van 1940) schreit over het vredesverdrag van de Grote Vier.

Volgens huidige inzichten waren de Duitse herstelbetalingen zelfs in de zwaarste jaren van de Weimar republiek geen serieuze hindernis voor de economische wederopbouw na de verloren oorlog, maar zij waren verbonden met de Duitse Oorlogsschuldendebat en maakten de Duitse economie afhankelijk van kredieten van de Verenigde Staten. Om deze redenen wilde de regering van de Weimarrepubliek de claims verminderen, respectievelijk afschaffen. Zo groeiden zij uit tot een voortdurende politieke belasting, omdat zowel de partijen en bonden van de ultrarechtse groepen, als ook de KPD de herstelbetalingen voor agitatie tegen de Weimar republiek gebruikten.

Uiteindelijk hebben de herstelbetalingen tot politieke en economische instabiliteit van de eerste Duitse democratie bijgedragen." [44]

"Aan het eind van deze oorlog was Keynes aanwezig als topambtenaar bij de vredesconferentie van Versailles. Hij nam ontslag omdat hij het niet eens was met wat werd besproken op die conferentie. Hij schreef hierover het boek The Economic Consequences of the Peace. Volgens Keynes stond in Versailles niet het herstel van Europa voorop, maar een politieke wraakactie die een grotere oorlog zou uitlokken. Hij voorspelde ook dat de herstelbetalingen die Duitsland waren opgelegd de Duitse economie zouden ruïneren. Zijn gelijk werd bevestigd door de Duitse hyperinflatie en door het uitbreken van de Tweede Wereldoorlog." [45]

De gevolgen van het verdrag van Versailles waren dus rampzalig voor de economie van Duitsland, ze werden vreselijk gestraft voor het veroorzaken en de kosten van de Eerste Wereldoorlog. Geld was niets meer waard. Maar vooral de eigenwaarde van de Duitsers leed daar zwaar onder. Hitler speelde op die gevoelens in, wist aan de macht te komen en werd nagenoeg door de hele bevolking gesteund. Inmiddels had hij het land, ondanks de afspraken in Versailles, militair zo opgebouwd dat hij oppermachtig was geworden. Ook de speciale economische politiek die hij voerde maakte het land alleen maar sterker. Dit bestond uit enorme overheidsuitgaven om de infrastructuur zo te verbeteren dat het land alleen maar sterker werd.

We weten allemaal wat hier het gevolg van was.

Na de Tweede Wereldoorlog

Er zijn mijns inziens twee belangrijke factoren geweest die na de Tweede Wereldoorlog geleid hebben tot een wederopbouw. Dit in tegenstelling tot de situatie na de Eerste Wereldoorlog, die gekenmerkt werd door schadebetalingen en inperking.

Die twee factoren zijn de invloed van de beroemde econoom Keynes en die van de Minister van Buitenlandse zaken van de USA, George G. Marshall. (niet te verwarren met de econoom Alfred Marshall)

We zullen ze hierna behandelen:

Keynes

¨John Maynard Keynes (Cambridge, 5 juni 1883 – Firle, East Sussex, 21 april 1946) was een Brits econoom. Hij voornamelijk opgeleid door de beroemde Britse econoom Alfred Marshall die grote invloed op zijn denken had.

Alfred Marshall (Bermondsey (Londen), Engeland, 26 juli 1842– 14 juli 1924) stond een brede benadering van de sociale wetenschappen voor. Hierin speelt de economie een belangrijke, maar beperkte rol. Hij erkende dat in de echte wereld, het economische leven stevig is verbonden aan ethische, sociale en politieke stromingen - stromingen waarvan Marshall van mening was, dat economen die niet mogen negeren. Marshall zag dramatische sociale veranderingen voor zich. Hij voorzag een uitbannen van armoede en een sterke vermindering van de ongelijkheid. Hij zag het als de plicht van de economie om de materiële omstandigheden te verbeteren, maar een dergelijke verbetering zou naar Marshalls mening, alleen kunnen optreden in combinatie met sociale- en politieke krachten. Zijn interesse in het liberalisme, het socialisme, vakbonden, vrouwenonderwijs, armoede en vooruitgang weerspiegelen de invloed van zijn vroege sociale filosofie op zijn latere activiteiten en geschriften. [46]

Keynes is vooral bekend geworden door het in 1936 verschenen boek The General Theory of Employment, Interest and Money (De algemene theorie over werkgelegenheid, rente en geld), waarin hij de keynesiaanse theorie beschrijft, waarmee hij de grondlegger zou worden van het naar hem vernoemde keynesianisme (ook wel anticyclische begrotingspolitiek genoemd).

Dit boek zou standaardlectuur worden voor economen in de decennia van 1945 tot in de jaren tachtig. Tot het schrijven ervan werd hij gebracht door de grote crisis in de jaren dertig. Het maakte hem tot een van de invloedrijkste economen van de twintigste eeuw. Keynes legde de nadruk op de vraagkant van de economie. Hij stelde daarnaast dat een overheid moet investeren in de economie om hiermee herstel te stimuleren. Als de overheid bijvoorbeeld een groot infrastructureel project opstart, zal dit leiden tot meer banen en een hogere consumptie en daardoor weer tot een hogere productiviteit. Door de investeringen van de overheid kan de vraagkant van de economie worden gestimuleerd, wat positieve gevolgen heeft voor de economie.

De General Theory gold zo'n dertig jaar, vanaf kort na het verschijnen tot eind jaren zestig als de grondslag van de hedendaagse macro-economie. Vanaf de jaren zeventig boette zijn werk aan populariteit in. Onder invloed van de in 2007 ontstane kredietcrisis is de belangstelling voor zijn werk aan het begin van de 21e eeuw echter weer sterk toegenomen." [47]

48 John Maynard Keynes in 1933.

"Keynesianisme is een politieke stroming, gebaseerd op de keynesiaanse theorie, een economische theorie die op de ideeën van de Engelse econoom John Maynard Keynes (1883-1946) wordt gebaseerd. Die worden beschreven in zijn boek Algemene Theorie van Werkgelegenheid, Interest en Geld, dat hij in 1936 publiceerde als een antwoord op de Grote Depressie van de jaren 30. De keynesiaanse economie bevordert een gemengde economie, waarin zowel de overheid, als ook de privésector een belangrijke rol speelt. Het opkomen van het keynesianisme markeerde het einde van de laissez-faire-economie (een economische theorie die ervan uit gaat dat de markten en de privésector op hun eigen houtje moeten opereren, zonder dat de overheid ertussen komt) en leidde tot de verzorgingsstaat zoals wij die nu kennen. In het Keynesiaanse denkbeeld wordt door de overheid door middel van monetair- en fiscaal beleid de economie gestuurd.

Haaks op het keynesianisme staat het vrije marktdenken, waarin een minimale rol voor de overheid wordt bepleit. Critici van het kapitalisme zien echter in de kredietcrisis in 2008 een bewijs voor het falen van die leer. Volgens sommigen lijkt de economische crisis enkel het hoofd te kunnen worden geboden door als 'neoliberaal' bestempeld beleid te verlaten en weer een grotere rol aan de overheid toe te kennen.

Vrijemarktdenkers stellen daar tegenover dat de kredietcrisis het gevolg is van steeds toenemend overheidsingrijpen (zoals de Community Reinvestment Actin de U.S.), het te laag houden van rente (goedkoop lenen) en een toename van de hoeveelheid geld in omloop door de centrale banken (inflatie) die veel meer is dan de economische groei verantwoordt." [48]

Marshall

"Het Marshallplan was een omvangrijk materieel hulpplan, dat op initiatief van de toenmalige Amerikaanse minister van Buitenlandse Zaken George C. Marshall drie jaar na de Tweede Wereldoorlog in werking trad.

Dit European Recovery Program (ERP) was gericht op de economische wederopbouw van de door de oorlog getroffen landen in Europa. Een belangrijke drijfveer van deze hulp was het vormen van een sterke buffer tegen de expansie van het communisme vanuit de Sovjet-Unie van Stalin. De betrekkingen tussen de Verenigde Staten en de

105

Sovjet-Unie waren namelijk in snel tempo verslechterd en hadden geleid tot de "Trumandoctrine".

Marshall deed het voorstel tot het plan officieel op 5 juni 1947 in een toespraak aan de Harvard-universiteit in Cambridge, Massachusetts. Hij stelde daarbij de voorwaarde dat de deelnemende landen met een gemeenschappelijk Europees plan zouden komen.

Eind juni organiseerde de Britse minister van Buitenlandse Zaken Bevin in Parijs een driemogendhedenconferentie. De Russische minister Molotov verzette zich tegen het Marshallplan dat hij beschouwde als een 'bedreiging voor de soevereiniteit van de kleine Europese landen.

Op een conferentie in Parijs, die in juli 1947 plaatsvond, waren zestien Europese landen vertegenwoordigd om het plan te bespreken. Spanje (dat onder Franco formeel neutraal was gebleven) en de Sovjet-Unie waren niet uitgenodigd. Diverse Oost-Europese landen die ook voor hulp en deelname in aanmerking kwamen, namen op last van Stalin niet deel aan de conferentie.

De West-Europese landen stelden in september 1947 samen een economisch herstelplan op dat vervolgens aan de Amerikaanse senaat werd overhandigd.

De hulp bestond tussen 1948 en 1952 concreet uit geld, goederen, grondstoffen en levensmiddelen. Voor veel mensen maakte deze hulp het verschil tussen leven en dood. Uiteindelijk bedroeg de Marshallhulp een totaalwaarde van 12,4 miljard dollar vanuit de Verenigde Staten. Hiervan kwam 1,5 miljard ten goede aan het verwoeste Duitsland, waardoor dit land de oude, waardeloos geworden Reichsmark op 20/21 juli 1948 kon vervangen door de Duitse mark en de lege winkelschappen weer gevuld konden worden. Ook de andere landen die profiteerden van de Marshallhulp, kregen hierdoor een belangrijke impuls voor de opbouw van hun industrieën en energievoorziening; 20% van de hulp was een lening, 80% was gift.

Ten onrechte wordt vaak gedacht dat de economische opleving in West–Europa, die al snel na de Tweede Wereldoorlog ontstond, grotendeels is toe te schrijven aan de Marshallhulp. Eind 1947, dus vóór de uitvoering van het Marshallplan, waren de Britse, Franse en Nederlandse productie alweer op het vooroorlogse niveau. Italië en België volgden eind 1948. In Nederland was tijdens de eerste jaren van de bezetting de industriële productiecapaciteit gegroeid. Na de bevrijding kon deze worden aangewend voor de wederopbouw. Voor Nederland was de Marshallhulp vooral van economisch belang omdat de Amerikaanse deviezentoekenning met name het economisch herstel van West Duitsland bevorderde, en een aanzet tot effectieve Europese samenwerking was.

Van economisch belang voor de ERP-landen was dat de Marshallhulp hen ertoe aan zette om hun monetair beleid in dienst te stellen van herstel en uitbreiding van de internationale handel en prijsstabiliteit. Deze ontwikkelingen zijn belangrijk geweest voor de verdere Europese economische ontwikkeling na beëindiging van de Marshallhulp." [49]

Het effect, zo u wilt de bedoeling, van dit visionaire Marshallplan was dat de economie van Europa gestimuleerd werd. Maar dat tegelijkertijd door de verplichte afname in de USA het ook de economie van dat land ten goede zou komen en tegellijktijd de communistische landen -met name Rusland- armer werden.

Europa stak op die manier aangemoedigd de handen uit de mouwen in plaats van te zitten navelstaren naar de veroorzakers van de oorlog. "We moeten SAMEN verder", was het devies!

Na de Tweede Wereldoorlog is de maatschappij in Nederland voornamelijk geënt op het liberale denken, afgewisseld of gecombineerd met de invloed van de kerkelijke partijen.

Na eerst nog een maakbare economie met loon- en prijsmaatregelen om te proberen de zaak onder controle te houden, ging men geleidelijk aan over op het liberale denken.

"Het liberalisme heeft als uitgangspunt zo veel mogelijk vrijheid van het individu zolang hij de vrijheid van anderen niet beperkt. Liberalen streven naar een samenleving waarin burgers grote vrijheden genieten, zoals de burgerrechten die het individu beschermen en de macht van de staat en de kerk beperken. Ook streeft het liberalisme naar een vrije markt waarin de overheid zich terughoudend opstelt. Ander speerpunt van het liberalisme is de scheiding van kerk en staat (onder andere als voorwaarde voor godsdienstige tolerantie). Ook willen liberalen dat de staatsinrichting wordt vastgelegd in een grondwet waarin ook de grondrechten van de burger staan. Van de overheid werd slechts verlangd dat ze alleen die bestuursdomeinen voor haar rekening zou nemen, die onmogelijk door het individu behartigd konden worden, zoals openbare functies, openbare werken en landsverdediging." [50]

Naarmate de invloed van de kerkelijke partijen als ARP, CHU, KVP en later CDA afnam won de invloed van het liberalisme en won de invloed van het vrije markt denken.

Dat ging en gaat steeds verder. Zaken die eerst als overheidstaak werden gezien werden in toenemende mate overgedragen aan de "markt". De energiemaatschappijen, de PTT, de nutsbedrijven, de spoorwegen, de bedrijfsverenigingen, de woning- coöperaties etc.

De overheid trekt zich steeds meer terug, het wordt aan de markt over gelaten. Ook het SER model verliest steeds meer invloed.

Na de Bank en kredietcrisis

Sloeg de angst toe en werden er vele regels opgesteld om te proberen herhaling te voorkomen. De banken zagen het als hun voornaamste taak om hun reserves aan te vullen en zo min mogelijk krediet te verschaffen.

Ze stonden daarbij in een monopolie positie nadat ze eendrachtig de DSB-bank de nek hadden omgedraaid. Bovendien waren allen staatsbanken geworden omdat de Overheid (dus de belastingbetaler) hun te hulp was geschoten tijdens de crisis. Uit dankbaarheid stopten ze praktisch alle kredieten. Omdat volgens de nieuwe voorschriften ze een reserve voor iedere hypotheekverstrekking op de Balans moesten zetten, zagen ze daar ook het nut niet meer van in. Hypotheekverstrekking werd terug gedrongen. De RABO bank eerst goed voor 50% van de markt, is inmiddels tot 25% gezakt en wil nog verder terug gaan!

De burgers van Nederland die hun zo geholpen hadden, zijn de pineut; net zoals het MKB dat geen poot meer aan de grond krijgt bij de banken.

Kortom angst regeert en de Regering kijkt er naar en doet niets. Ook nu trekt de overheid zich steeds meer terug.

Het gevolg is dat we nu in een kwakkel economie zitten, enerzijds door dit element en anderzijds door de voorschriften van de Europese Unie die voorschrijft dat we maximaal 3% financieringstekort mogen hebben. Anders dienen we te bezuinigen!

Kortom krimp op krimp.

Geld is gereedschap

Uit hetgeen geschetst is over de verschillende economische "scholen" blijkt dat de economie maakbaar is. Dat door bepaalde maatregelen de economie een impuls kan krijgen. De beeldvorming naar het publiek is daarbij bepalend voor het succes. In die zin is economie vooral psychologie.

Aan een stukje papier wordt een waarde toegekend en men noemt het vervolgens "Geld". In tegenstelling tot vroeger is er geen tegenwaarde, geen dekking in Goud, dit is al lang geleden losgelaten. Het is gewoon een afspraak door een land welke waarde het heeft.

Is het dan wijs om het op te potten en er niets mee te doen?

Nee, natuurlijk niet: geld is gewoon gereedschap dat je moet gebruiken om er meer van te maken dan het voorheen was. Kortom: drijf handel, investeer, consumeer!!

Als je er niets mee doet verliest het door inflatie alleen maar waarde, pak het op en jaag de economie aan tot voordeel van ons allen!

Kortom stimuleer de consumptieve uitgaven, de economie zal groeien en de werkgelegenheid zal alleen maar toenemen!

Geef echte economen en visionairs daarom de ruimte om hun ideeën uit te voeren, om meer te maken dan er voorheen was. Denk als Keynes en laat u niet door

angst regeren. Als Marshall er niet geweest was leefden we nu nog in de jaren vijftig! Kijk vooruit en spring over uw eigen schaduw heen!!

De vraag blijft: *Wil de echte leider opstaan?* Ons vooruit helpen en niet aan de hand van de boekhouders en ambtenaren naar de afgrond slepen?

6
WIE MAAKT HET VERSCHIL?

Na alle beschouwingen in de vorige hoofdstukken blijft er maar één vraag over: is er nog verandering mogelijk? Kan er nog iets gebeuren om ons als Nederland uit het verstikkende moeras van de Europese Unie te redden? Zouden we het nog kunnen beleven dat de spiraal naar beneden wordt doorbroken en dat welvaart niet iets uit de geschiedenis blijkt te zijn?
Kortom: **wie maakt het verschil?**

Er kunnen best wat zaken genoemd worden en dat zal hierna ook zeker gebeuren, maar essentieel is wie ons daar in voor kan gaan. Wie kan ons overtuigen van de koers waar we als land in moeten slaan! De vraag is eigenlijk heel simpel: **een politicus die met beide benen in de maatschappij staat en een perspectief kan bieden dat ons inspireert en overtuigd.**
Een naam is niet te noemen, maar er kunnen wel wat voorbeelden aangehaald worden waaruit een beeld van degene die we zoeken naar voren komt.

Als we naar het verleden kijken dan vallen een paar politici op die in hun tijd het verschil konden maken. Hieronder een korte schets met enkele belangrijke punten uit hun carrière:

51 Piet Lieftinck

☐ De Minister van Financiën Piet Lieftinck[51] (PvdA) 1945-1952. De man van het beroemde "tientje" dat iedere Nederlander na de oorlog kreeg om daarmee het valse en zwarte geld uit te bannen en iedereen in een gelijke positie te brengen. Hij heeft er voor gezorgd dat Nederland na de oorlog "herrees".

☐ De Minister voor Landbouw Sicco Mansholt (PvdA) 1945-1958. Daarna Europees commissaris voor Landbouw 1958-1972. De betekenis van deze man voor Nederland en Europa is te veel om op te noemen. Het voornaamste was dat hij het vrije verkeer van landbouwgoederen regelde, evenals het gelijktrekken van de prijzen van landbouwproducten. Maatregelen om Europa meer als eenheid te laten optreden. Zijn gehele handelen was gericht op één sterk Europa en gaf het ook een gezicht. Hij gaf de grootste stimulans tot de Europese Unie.

◻ De Minister van Financiën Jelle Zijlstra [52] (ARP) 1958-1963 en premier 1966-1967. President Nederlandse Bank 1967-1981. De man die het harde gulden beleid gezicht gaf en de gulden aan de sterke Duitse Mark koppelde. Hij maakte de gulden sterk en zorgde voor financiële stabiliteit in Nederland

52 Jelle Zijlstra

◻ De Minister van Financiën Wim Duisenberg (PvdA) 1973-1977. President Nederlandse Bank 1982-1997. President Europese Centrale Bank (ECB) 1998-2003. Eerst lid van het roemruchte kabinet Den Uyl. Hij stelde de erfenis van zijn voorgang Jelle Zijlstra veilig en zorgde in Europa voor een sterke en stabiele Euro, onafhankelijk van politieke invloeden. Een man van zeer grote betekenis

◻ De Minister van Financiën Wim Kok (PvdA) 1989-1994 en premier van 1994-2002 in de zogenaamde Paarse kabinetten. Opvolger van Den Uyl. FNV voorzitter. Een stabiele man die een goede verstandhouding had met de vakbonden. Zorgde voor een sterke economie en voerde strenge bezuinigingen door. In de latere jaren was er een sterke inflatie die leidde tot oververhitting van de economie.

☐ De Minister van Financiën Gerrit Zalm [53] (VVD) 1994-2002 en 2003-2007. Daarna bankier bij DSB Bank en daarna bij ABN-Amro als voorzitter van de Raad van Bestuur 2009-heden. Een erg op de penning zijnde minister. Zeer vrolijk. Hij introduceerde de lege schatkist voor zijn kamerdeur. In zijn kamer stond hij vaak achter een flipperkast! Hij introduceerde de Zalm-norm om zoveel mogelijk te bezuinigen. Een streng maar goed financieel beleid. Schreef het boek "De romantische boekhouder".

53 Gerrit Zalm

☐ De Minister van Financiën Wouter Bos (PvdA) 2007-2010. Loodste het land door de Bank en kredietcrisis door Nationalisering van de systeembanken.

☐ De Minister van Financiën Jeroen Dijsselbloem (PvdA) 2012- heden. Voorzitter van de Eurogroep van de Europese Unie (EU) van 2013-heden. Heeft de Griekse bankencrisis tot staan gebracht en in Europa afspraken gemaakt om dit soort crises te voorkomen. Nationaliseerde SNS REAAL.

Wat bij deze belangrijke politici op valt is dat zij veelal van eenvoudige komaf waren of zijn. Zo was Sicco Mansholt`s vader boer en de vader van Gerrit Zalm kolenboer. Verder valt het hoge PvdA gehalte op. Deze stonden toch dichter bij de burger, ze wisten waarvoor ze het deden.

Wil de echte leider opstaan?

Als we naar de beschreven politici kijken valt het op dat het soms mensen waren waarvan vooraf niet zoveel verwacht werd. Pas in hun functie kwamen de grote talenten en kwaliteiten naar boven. Het gezegde is dan ook niet voor niets: **De functie maakt de man.**

Als we over de grens kijken zien we ook veel voorbeelden van dien aart. Recent kwam een boek uit genaamd "De Churchill factor" door Boris Johnson, burgemeester van Londen.

Deze geeft een uitstekende analyse van hoe, door zijn bijzonder karakter, deze man een land door een oorlog kon leiden en een zeer groot aandeel had in de overwinning op Nazi Duitsland. De Wereld had er anders uitgezien zonder Churchill.

Zo zijn er meer voorbeelden te noemen, zoals Margaret Thatcher (kruideniersdochter), John F. Kennedy, Nelson Mandela, Helmut Kohl, Angela Merkel, Barack Obama. Maar waar het hier om gaat is dat al deze mensen op hun eigen wijze hun land (of Europa of de Wereld) de weg omhoog hebben gewezen. Ze waren bereid de gebaande paden te verlaten en nieuwe oplossingen te zoeken die een ander niet kon bedenken.

Daarom zou het geweldig zijn als ons land (opnieuw) zo'n talent zou bezitten om ons land -en daarmee ons- los te maken van de ketenen die nu zo knellen. Het kan een man of vrouw zijn waarvan we nooit zouden denken dat die dat zou kunnen zijn, maar als we de moed zouden hebben iemand te benoemen buiten de huidige kring van politici en ambtenaren, die fris en onbevangen tegen de problemen aankijkt, ja dan hebben we een kans!

Hieronder wat voorbeelden die ons leven kunnen veranderen:

Noem dingen bij naam

De Overheid dient duidelijk te zijn naar haar kiezers toe, de burgers van ons land. Als bijvoorbeeld de rente door Europa kunstmatig laag wordt gehouden om Zuid Europa te helpen, leg dan duidelijk uit dat dit Ontwikkelingshulp is en ja, het is jammer en spijtig, maar dat de gepensioneerden daarom de rekening betalen. Wees duidelijk en draai er niet om heen.

Als het echt zo is dat de kosten van de Gezondheidszorg te hoog zijn, zeg dat dan en zeg dan ook eerlijk dat je de burgers niet meer kunt helpen en dat je het zelf met je familie maar moet oplossen, ja bekijken!

Dat de Grieken de kluit belazeren voelt iedereen op zijn klompen aan, maar zeg het! Zeg dat het ook schandalig is dat ze geen belasting betalen, dat de rijken alles naar Zwitserland overgeheveld hebben en dat je daar niets aan kunt doen! Zeg dat we belazerd zijn, draai er niet om heen!

Zeg het dat die bankiers inderdaad gewone graaiers zijn die maling aan ons hebben. Ja die geen kredieten meer geven om te laten voelen dat zij het te vertellen hebben en niet de politici. Zeg het! Wees eerlijk!
En zo kunt u zelf nog vele voorbeelden geven van wat U verwacht van Uw Overheid!!

Monetair beleid

De kracht van een land komt tot uiting in de waarde van haar munt. De Gulden was een heel sterke munt, samen met de Duitse Mark. Inmiddels lopen we aan de leiband die Europa heet en de euromunt wordt compleet uitgehold door de Zuidelijke Eurolanden.

119

Treed uit die Euro of vorm samen met cultureel gelijke landen een Noordelijke Euro.

Dan kunnen we ons eigen monetaire beleid bepalen (de Nederlandse Bank is nu een tandeloze tijger). Dan kunnen we de middelen van de loon- en prijzenwet weer gebruiken. Dan kunnen we rente en prijzen beïnvloeden, dan kunnen we de inflatie en deflatie sturen, dan kan de munt revalueren of devalueren. Dan kunnen we kortom onze economische groei of krimp sturen.

Al die krachten hebben we in het verleden ook gebruikt om onze welvaart te stimuleren en de vaart erin te houden.

Laten we stoppen met de Euro en opnieuw beginnen!!

Grote machtsblokken

Het kenmerk van grote machtsblokken is dat ze eindig zijn.

De geschiedenis leert ons dat de opkomst van een macht eindig is, dat er altijd een moment aanbreekt dat ze in verval komt en ten slotte instort. Slecht historische gebouwen herinneren ons daaraan, maar er is verder niets van over.

Of we nu bijvoorbeeld denken aan Karel de Grote, aan Egypte, aan Griekenland, aan Rome, aan Napoleon, aan Nazi Duitsland of aan de USSR -het communisme- alles stortte op een gegeven moment in.

Je hoeft geen profeet te zijn om aan te voelen -ja om te zien- dat dit ook met de Europese Unie zal gaan gebeuren.

De crisis om de Euro is ongekend en met veel kunst en vooral vliegwerk wordt de zaak nog in de hand gehouden. Maar zoals altijd slaat het noodlot toe "om een hoekje"! Opeens is er die oppositiegroep die zich islamitische Staat (IS) noemt. Tot het uiterste getraind bedachten ze wreedheden die in de geschiedenis nog niet voorkwamen. Hele volken slaan op de vlucht en wonen eerst in de buurlanden, zoals Turkije. En die werd boos omdat het lidmaatschap van de EU werd af gehouden, dus opeens kwamen die vluchtelingen (uit zichzelf?) met bootjes naar Griekenland. Dat was ook al boos op Frau Merkel (ze denken daar nog steeds aan Nazi Duitsland) met haar opgedrongen bezuinigingen via de EU, dus lieten ze al die vluchtelingen naar Mama Merkel gaan!

De werkelijkheid gaat sneller dan een boek schrijven: op het moment van schrijven (januari 2015) uit de president van de Europese Raad, Donald Tusk, zijn bezorgdheid over het Schengenverdrag. Hij vreest dat de grenzen in Europa over twee maanden dicht gaan en het verdrag ten grave gedragen kan worden. Dit omdat steeds meer landen hun eigen weg gaan en zich niet houden aan Europese afspraken m.b.t. het vluchtelingenprobleem.

In vervolg daarop uit een vooraanstaand CDU-er, Gunther Krichbaum, zijn mening dat indien het Schengenverdrag niet meer werkt -als de grenzen in Europa dicht zijn- dat we de Euro dan ook niet meer nodig hebben omdat er dan geen binnenmarkt meer is.

Dus door IS en de vluchtelingen komt er wellicht een eind aan ons vrij verkeer van goederen en mensen in Europa, een eind aan de Euro en dus de facto aan de Europese Unie.

Leugens en statistieken

Mijn leraar statistiek sprak al de gevleugelde woorden **"Je hebt leugens en je hebt statistieken!"**. Een waarheid als een koe. Als burger van dit land ben je geneigd de cijfers die het Centraal Bureau voor de Statistiek (CBS) publiceert serieus te nemen. Maar -om een voorbeeld te noemen- bij de berekening de Prijzenindex worden zaken als huurverhoging en nog wat andere zaken buiten beschouwing gelaten om de index gunstiger naar voren te laten komen. Dit om te voorkomen dat de vakbonden te hoge looneisen zullen stellen.

Nog maar een paar jaar geleden was er een directeur van het CBS die dit te ver vond gaan en steeds meer kritische rapporten liet verschijnen. Dat ging de Regering natuurlijk op haar beurt te ver en hij werd weg gemanipuleerd en opgevolgd door een ambtenaar van Economische Zaken die nog nooit was uitgeblonken door een eigen mening. Probleem opgelost!

Leugens en statistieken!

Weg met ambtenaren

Het is dus duidelijk dat de invloed van de ambtenaren, dit zijn boekhouders in overheidsdienst, gestopt moet worden. Althans dat ze uit het centrum van de Macht moeten worden verbannen. Zij zijn niet door de burgers gekozen, nee de politici. Ze mogen hun mening geven, maar alleen als er naar gevraagd wordt; en dat is hopelijk niet vaak! Niks geen gedoe *van politici die komen en gaan, ambtenaren blijven eeuwig bestaan,* nee afgelopen en uit! **Weg met die Vierde Macht, breek die macht af!**

Geef juist meer ruimte aan mensen die opgeleid zijn en in de praktijk ervaring hebben opgedaan, aan **vakmensen.**

Ook bij de politici: geen ambtenaren meer in de Tweede Kamer, maar mensen uit het land, uit het echte leven, die weten hoe het is om Oma thuis te verzorgen etc.

Die mensen mogen **de beslissers** zijn die een beslissing nemen die ons aan gaat, die weten wat het voor ons burgers zal betekenen. Had Van den Ende niet eerst een feestartikelwinkeltje? Nu gaat hij kleiner wonen en verkoopt zijn huis voor 17 miljoen en koopt nu voor 7 miljoen! Luister naar dit soort mensen, naar hun inzichten!

Laat je angst achter je

Kortom, het is nodig een nieuwe weg van Leiderschap in te slaan. Geen bekrompenheid meer, geen ambtelijk geneuzel, weg ermee!

Laat de mensen vrij zijn, geef ruimte. Zoek een Minister President die de normale mensentaal verstaat, met al zijn angsten en noden.

Dit is een oproep om een nieuwe weg in te slaan en de angst achter je te laten!

7
GELD IS GEREEDSCHAP

In het normale gezinsleven wordt men beperkt door de hoeveelheid geld die er binnengebracht wordt, die er met andere woorden verdiend wordt. Heel gewoon en het is jammer dat velen die eenvoudige waarheid niet onder ogen zien.

Maar in de economie is het anders, daar kun je van geld geld maken. Dingen een impuls geven zodat de hoeveelheid geld meer wordt. Je kunt daardoor investeringen doen die anders niet zouden kunnen. Het inkomen van de bevolking kan er door omhoog gaan waardoor ze meer belastingen gaan afdragen en waardoor de overheid dat weer als revenu ontvangt en vervolgens dat weer in kan zetten voor een ander doel, etc.

Kortom het creëren van geld kan op allerlei manieren en dat kan een ieder ten goede komen.

Laat je niet beperken door wat er is, maar laat het groeien!

Geld is een middel, geen doel in zich!

Er moet meer gedaan worden aan ¨**omdenken**¨, anders tegen zaken aankijken, de problemen van een andere kant bekijken, oplossingen zoeken op gebieden die nog niet ontgonnen zijn.

Kijk naar de wereld van uitvinders. visionairs, science fiction e.d.

Een idee zou zijn om landelijk denktanken samen te stellen met mensen met zeer uiteenlopende achtergronden en leeftijden, mensen die elkaars wereld helemaal niet kennen. Laat hen brainstormen over een probleem en u zult verwonderd zijn! **Denk groot of blijf klein!**

Loof een prijs uit voor de winnaars!

Geld mag geen beperking zijn: **Geld is gereedschap**, je moet er wat mee maken! Ook niet oppotten op spaarbanken, nee inzetten om een hoger doel en hoger rendement mee te bereiken, tot nut van u en ons allen!

Hieronder wil ik een paar voorbeelden geven van een probleemoplossing zoals mij voor ogen staat. Dit is puur als voorbeeld, er zullen er nog veel meer en betere te bedenken zijn. Zie het als een uitdaging om meer van ons land te maken dan het nu al is!

Beleggingsbeleid

De pensioenfondsen, de institutionele beleggers zoals ze officieel heten, hebben als doel om een zo hoog mogelijk rendement te maken met zo min mogelijk risico`s. Daarom spreiden ze hun beleggingen over alle sectoren van de maatschappij en brengen die onder in alle landen met zo veel mogelijk verschillende valuta`s. Hiertoe zijn speciale afdelingen opgezet en vaak zelfs speciale bedrijven waaraan dat uitbesteed wordt.

Jaren terug is er een proef geweest waarbij men de beleggingen liet bepalen door aanwijzingen van apen. De uitkomst van het rendement week nauwelijks af van het rendement behaald door de duur betaalde specialisten. Nu wil ik niet iedereen door apen vervangen, maar ik wil wel pleiten voor een andere invalshoek:

De idee is om de investeringen in eigen land omhoog te brengen om de eigen economie te (onder)steunen. Men kan deelnemen in een bancair systeem om bedrijven en het MKB meer kredietruimte te geven om investeringen te doen om groei te bereiken,

Hypotheekverstrekking aan deelnemers van de pensioenfondsen. Dit is nagenoeg risicoloos gezien de betalingsmoraal van de Nederlanders.

Inkoop van hypotheekschuld vanuit de pensioenopbouw van de deelnemer. Dit is laatst onderzocht, maar men stuitte op fiscale en andere bezwaren. Dat moet oplosbaar zijn. **Niets is onmogelijk behalve het onmogelijke zelf!**

Energiebesparing

Op zekere dag las ik dat gehele gemeente Vlaardingen verwarmd werd door de afvalwarmte van de Shell. Dat zette me aan het denken, dacht wat daar kan, kan hier ook. Want ziekenhuizen zijn namelijk door hun continue energiebehoefte één van de grootste energiegebruikers.

Vervolgens heb ik een ingenieursbureau een ontwerp laten maken voor een warmte-krachtcentrale (warmte-krachtkoppeling), gecombineerd met energiebesparende maatregelen en het overschakelen van olie- naar gas als energiedrager.

Het resultaat was dat de energiekosten met 2/3 daalde , van 1.2 miljoen (toen) gulden naar 4 ton. Het budget kon met 4 ton structureel omlaag en de resterende 4 ton mocht gehouden worden.

Hiervoor werden 10 verpleegkundigen aangesteld, een verruiming van 8 %!! Een win-win situatie!!

Naar mijn mening kan dit veel breder toegepast worden, vooral in de gezondheidszorg en andere continue energie gebruikende objecten. Er is gebruik gemaakt van bestaande subsidie- en budgetregels.

Investeringen door particulieren in energiebesparende maatregelen aftrekbaar maken voor de Inkomstenbelasting. Goedkoop kunnen lenen voor deze maatregelen.

De prijs van energie inzichtelijk maken door de energiebelasting af te schaffen. Hevel dit over naar de Inkomstenbelasting. Energiebesparing wordt zo zuiverder en duidelijker.

Belastingsysteem

Volg het voorstel van vooraanstaande fiscalisten om de belasting voor de Inkomstenbelasting te verlagen en die voor de hogere vermogens te belasten. Dit kan ca 8% koopkrachtverbetering in houden Een geweldige stimulans voor de economie!

De aftrek van hypotheekrente kost de Overheid dat hetzelfde percentage minder. Verschillen met Europa zullen kleiner worden.

Breng de belasting (BPM) op auto's en benzine terug naar het Europese gemiddelde zodat we van één Europa kunnen spreken.

Sociale wetten en het financieringstekort

Het is al weer wat jaren terug dat door een Europese maatregel de uitgaven van de sociale verzekeringswetten meegeteld moesten gaan worden bij de berekening van het financieringstekort. Prompt stond Nederland er een stuk slechter voor, want de andere Europese landen geven daar veel minder aan uit, ook hebben ze geen of weinig Staatspensioen waar ze aan bijdragen.

Nederland zal door de wet van de communicerende vaten altijd achter blijven lopen op de andere landen totdat alle landen hetzelfde niveau hebben bereikt, maar dan zijn de burgers van ons land inmiddels volledig berooid!

Naar mijn idee zouden de sociale wetten in aparte verzekerings-maatschappijen onder gebracht moeten worden zodat er geen overheidsbinding meer is.

De sociale premies die betaald worden, worden dan verzekeringspremies.

Financieel maakt het niets uit want de sociale uitkeringen zijn door de premies van werknemers en werkgevers al self supporting.

Op die wijze komt het financieringstekort er veel beter voor te staan, hoeft er minder bezuinigd te worden en kan de economie weer gaan draaien.

Zorgpremie

Stap af van het door de burgers zelf laten betalen van hun zorgpremie, maar laat dat inhouden op het loon en de uitkeringen, net als de ziekenfondspremie van vroeger. Saldeer dit met de zorgtoeslag die men toekomt.

Voordeel is dat de 30% premie die nu niet door de burgers wordt betaald, nu wel ingehouden kan worden.

Als gevolg daarvan hoeven de burgers 30% minder premie te betalen plus het voordeel van de niet meer te betalen incassokosten, administratiekosten etc. etc. Weer een impuls voor de economie!

Verslavingszorg

Met verbazing heb ik van een afstand waargenomen dat opnames in de verslavingszorg als vanzelf gebeuren: geen aanvragen en toestemming, laat staan verantwoording achteraf.

Als gevolg daarvan groeit de sector als kool.

Daarbij komt dan nog een vreemd fenomeen dat de cliënten grotendeels hun zorgpremie en eigen bijdrage niet betalen (velen weten niet eens dat ze dat moeten), maar wel opgenomen worden.

Als je de brandverzekering niet betaald, keert je verzekeringsmaatschappij bij het afbranden van het huis echt niet uit, maar hier wel! Hoe vreemd kan het zijn!!

Gebruik de sterkt toenemende opbrengst uit de Pluk-Ze wetgeving als eigen bijdrage voor de verslavingszorg. Breng Oorzaak en Gevolg samen!

Rente

De Europese Centrale Bank heeft de rente bewust kunstmatig laag vastgesteld om daarmee de economie van de Zuidelijke Europese landen te stimuleren en hun de kans te geven uit de crisis te komen.

Nederland zou het verschil tussen deze bewust lage rente en de normaal geachte rente kunnen beschouwen als Ontwikkelingshulp en als gevolg daarvan de Nederlandse effecten corrigeren.

De rekenrente van de pensioenfondsen komt dan weer op normaal niveau, de dekkingsgraad is dan weer goed, er hoeft niet meer gekort te worden op pensioenen, de indexering van de pensioenen kan weer plaats vinden, het negatieve consumentenvertrouwen wordt hersteld, de consumpties kunnen weer stijgen, de economie gaat weer opbloeien, lonen kunnen op termijn weer stijgen en het

Financieringstekort zal dalen!!
De spaarrente gaat omhoog, het gemor zal stoppen over de
4% belastingbetaling over het vermogen etc.
Dit is geheel in lijn met de wens van de Tweede kamer om
ontwikkelingsgeld niet meer te gebruiken voor verre oorden
maar voor de eigen economie.
Kortom een win-win situatie in optima forma!!
De grauwdeken zal dan van het land worden afgetrokken.
Kortom "Keynes" zoals Keynes het bedoeld heeft!

Ontwikkelingsgeld

Breng de kosten voor ondersteuning door Defensie in het
buitenland en de kosten van de vluchtelingen opvang ten
laste van de post ontwikkelingshulp, duidelijker en eerlijker.
Besteed de gelden van ontwikkelingshulp aan bedrijven in
Nederland die op hun beurt ontwikkelingshulp in het
buitenland geven. Betaal nooit aan landen in het buitenland
en al helemaal niet aan de regeringsleiders of dictators!

Subsidie

Maximeer de periode van subsidie op 3 jaar en dan
stoppen. Dit stimuleert die stichtingen e.d. om zelf
geldbronnen te genereren i.p.v. als maar de hand op te
houden. Dit voorkomt het indutten van organisaties en het
afhankelijke worden van de Overheid (=belastingbetaler)

Neem het heft in eigen handen

Zo kunnen we natuurlijk wel doorgaan, maar meer weten meer dan één, dus ik herhaal mijn voorstel om danktanks te formeren om nog meer oplossingen te genereren. Niet alleen om te bezuinigen, nee om geld anders en meer doelmatiger in te zetten en er meer van te maken dan het voorheen was!

Wees geen slaaf van het geld! Draai het om: Eerst beleid en dan financiën!

Kortom: Neem het heft in eigen handen en laat u niet door de overheid en vooral niet door ambtenaren voorschrijven hoe te leven en te handelen!!

8

RISING STRONG

In het inleiding gaven we al aan dat het niet een vrolijk boek is wat nu voor u ligt, nee sterker nog, je wordt er bepaald niet vrolijk van. In de eerste hoofdstukken hebben we gezien hoe het allemaal ontstaan is en wat de situatie nu is. Vervolgens zijn we nagegaan wat voor wetmatigheden hun invloed kunnen laten gelden, om vervolgens in te gaan op zaken die wellicht een oplossing kunnen bieden.

We lieten zien dat de economie wel degelijk maakbaar is en dat onder de leiding van de juiste persoon andere keuzes gemaakt kunnen worden om de weg omhoog te vinden.

Wat hierbij essentieel is dat we **vertrouwen** kunnen hebben in die weg die we gaan. Daarbij kunnen bepaalde zaken wel degelijk helpen. Zoals:

Terug naar de basis!

De huidige technieken bieden kansen om de communicatie veel beter en ook efficiënter te laten plaats vinden. Het gebruik van de zogenaamde **sociale media** kun je breder inzetten dan een Amber Alert. Je kunt met de burgers **communiceren**, over en weer. De Overheid kan beter luisteren en kan op haar beurt ook beter uitleggen.

Maar je kunt ook daten, communiceren en zo wederzijds tot een vollediger begrijpen komen.

Kortom richt je rechtstreeks tot de mensen waarvoor je het doet. **Als jij goed luistert, luistert de ander ook.**

Verbetering en eigen verantwoordelijkheid

Op die manier kun je besluiten nemen die **door de basis** gedragen worden en je kunt **perspectief bieden** op de beoogde uitkomst. **Laten zien** hoe de koopkracht verbeterd en hoeveel banen het gevolg van de **opkomende economie** zullen zijn.

De **verbetering** die op zal treden zullen de mensen **motiveren** om door te gaan op de ingeslagen weg. Vanuit de kant van de Overheid kan men de burgers ook **aanspreken** op hun eigen verantwoordelijkheid en stimuleren om te helpen. Om zich niet alleen in hun werk nuttig te maken, maar ook als vrijwilliger, lid van het gezin en de gemeenschap.

Kortom we zullen allen dan meer medeburgers worden die met elkaar en niet naast elkaar leven.

Die verbetering kan bestaan uit het feit dat er weer ruimte is voor **loonstijgingen,** dat de pensioenen weer **geïndexeerd** kunnen worden, dat de economie weer **opbloeit**, het consumptieniveau stijgt en daardoor de werkgelegenheid. De werkloosheid daalt en de kosten voor de sociale zekerheid navenant.

Bij het **losmaken** vanuit de greep van "Europa" zullen we weer **een eigen monetair systeem** kunnen volgen waardoor we rechtstreeks invloed hebben op het im-en export niveau als ook de rente. Enerzijds zwaarder voor de huizenbezitters (worden wel door de Belasting geholpen) maar anderzijds een verbetering voor de pensioenen en de opbrengst voor de spaarders onder ons.

Bij een verstandig beleid wordt alles, minder troebel, beter, sterker en eerlijker.

Om een herhaling van oorlogen te voorkomen hebben we de militaire Noord-Atlantische Verdragsorganisatie van het westen, de NAVO. Daar staat in feite de Europese Unie buiten.

Grauwdeken

Maar wat het belangrijkste is: De grauwdeken word afgetrokken en we krijgen weer lol in ons leven. Het is niet meer dat "Brussel" ons leven bepaald, nee we hebben ons lot weer in eigen hand!
En dat voelt heel prettig!! Het zal ons stimuleren om niet meer defaitistisch te worden, niet meer de

schouders laten hangen, nee juist de schouders er onder laten zetten.

Dit hoofdstuk is korter dan de anderen omdat de oplossing ook kort is:

Weg uit Europa en kiezen voor ons eigen lot!!

NAWOORD

Al eerder merkte ik op: **De werkelijkheid gaat sneller dan een boek schrijven!** En voegde daar in Hoofdstuk 6 wat observaties aan toe over de ontwikkeling van de vluchtelingencrisis.

Gisteravond rondde ik dit boek af en nog maar nauwelijks wakker sloeg ik vanmorgen mijn vertrouwde ochtendkrant de Telegraaf open en het eerste wat ik zag was: **"EU aan de rand van de afgrond"**, gevolgd door **"Merkels laatste strohalm"**.

Op het World Economic Forum in Davos overheerst de mening dat de Europese Unie wel eens heel snel uit elkaar kan vallen als er niet snel een oplossing komt voor de vluchtelingencrisis.

Het verdere nieuws bestond er uit dat de spaarrente nog verder daalt en dat men toch bang is dat de deflatie werkelijkheid zal worden, mede als gevolg van de alsmaar dalende olieprijs.

In nog maar een paar weken tijd is het speelveld Europa totaal veranderd.

Bij het schrijven van dit boek stond me voor ogen me te concentreren op de financieel economische aspecten, uiteindelijk toch mijn vakgebied.

Maar gaandeweg werd me steeds meer duidelijk dat dit, naar mate de vluchtelingencrisis toenam, secondair aan het worden was.

Eens te meer blijkt nu dat economie meer psychologie is!

Maar de economie is ook via die weg maakbaar en dat hoop ik in dit boek toch duidelijk te hebben gemaakt!!

22 januari 2016

EERDER VERSCHENEN

Pensionado

Wie was Arm en wie was Rijk?

Reizen om te Rijzen

Eva

De Denker Vertelt

Bestemming Bereikt

Vrij Worden

Gooi-land

De Leestafel

Strepen

Meer informatie is te vinden op: www.janprins.com

VERANTWOORDING

Hartelijk dank voor de informatie bij de volgende bronnen, zoals weergegeven hierna en alle overige bronnen. De nummers bij de foto`s verwijzen ook naar deze bronnen.

Alle geciteerde stukken komen van Openbaar beschikbare bronnen.

Het meeste komt oorspronkelijk van Wikipedia, dit met gebruikmaking van de "Creative Commons Naamsvermelding/Gelijk-delen 3.0" licentie, deze is te lezen op: http://creativecommons.org/licenses/by-sa/3.0/deed.nl

Hierna volgt de link naar het oorspronkelijke artikel:

[1] "Oriëntatie op Geschiedenis", door Marcel van Riessen, 2008 ISBN   9023244095 Google Books

[2] jokedewolf.nl

[3]

<https://upload.wikimedia.org/wikipedia/commons/8/86/Bundesar chiv_B_145_Bild-F078072-0004,_Konrad_Adenauer.jpg>

[4]

<https://upload.wikimedia.org/wikipedia/commons/thumb/1/18/Bu ndesarchiv_B_145_Bild-F010324- 0002,_Flughafen_K%C3%B6ln-Bonn,_Adenauer,_de_Gaulle- cropped.jpg/266px-Bundesarchiv_B_145_Bild-F010324- 0002,_Flughafen_K%C3%B6ln-Bonn,_Adenauer,_de_Gaulle- cropped.jpg>

[5]

<https://pbs.twimg.com/profile_images/60059903/schmidt_helmut .jpg>

[6]

<https://upload.wikimedia.org/wikipedia/commons/0/0a/Val%C3% A9ry_Giscard_d%E2%80%99Estaing_1978.jpg>

[7] http://duitslandinstituut.nl/artikel/2950/de-frans-duitse- tandem-door-de-jaren-heen#

[8] https://nl.wikipedia.org/wiki/Europese_Unie

[9] https://nl.wikipedia.org/wiki/Europese_Unie

[10] https://nl.wikipedia.org/wiki/Europese_Unie

[11] www.en.wikipedia.org

[12] https://nl.wikipedia.org/wiki/Euro

[13] https://nl.wikipedia.org/wiki/Europese_Centrale_Bank

[14] https://nl.wikipedia.org/wiki/Stabiliteits-_en_Groeipact

[15] www.Youtube.com

[16] <http://static.independent.co.uk/s3fs- public/thumbnails/image/2014/07/16/10/Jean-ClaudeJuncker.jpg>

[17]

http://fd.nl/economie-politiek/1134568/nee-stem-oekraine-referen dum-kan-continentale-crisis-veroorzaken

[18] http://fd.nl/economie-politiek/1135361/juncker-wijst-italie-aan- als-nieuw-zorgenkind-eu

19

<http://i.telegraph.co.uk/multimedia/archive/02342/hollande_2342
981b.jpg>

20

<https://upload.wikimedia.org/wikipedia/commons/thumb/2/2a/Wi
m_Duisenberg.jpg/266px-Wim_Duisenberg.jpg>

21

<https://upload.wikimedia.org/wikipedia/commons/thumb/f/f6/Jean
-Claude_Trichet_-
_World_Economic_Forum_Annual_Meeting_Davos_2010.jpg/220
px-Jean-Claude_Trichet_-
_World_Economic_Forum_Annual_Meeting_Davos_2010.jpg>

22 <http://img.timeinc.net/time/2012/poypoll/draghi.jpg>

23 https://nl.wikipedia.org/wiki/Devaluatie

24 www.Seniorennet.nl

25 Telegraaf 15-1-2016 "Grootste fonds zet toon",
Pensioenadviseur Mercer

26 www.nu.nl

27 www.regionalezorggids.nl

28 http://pgbm.nl/?p=2175

29 www.nrcreader.nl

30 12-4-14 - 11:43 bron: Algemeen Dagblad

31 http://www.blikopnieuws.nl/bericht/211276/huisartsen-maken-
zich-grote-zorgen-om-aan-lot-over-gelaten-ouderen

32 Volkskrant, 17-12-2015

33 renes-wereld.nl

34 https://nl.wikipedia.org/wiki/Wet_van_Murphy

35 https://nl.wikipedia.org/wiki/Wet_van_Parkinson

36 https://nl.wikipedia.org/wiki/Peterprincipe

37 www.accompv.be

38 http://www.jouwregiocentraal.nl/jouwregiocentraal/politiek/wie-
controleert-de-controleurs-1

39 http://www.salves.nl/deliverable-nr-1-vertrouwen/

39a
https://besloten.accountweb.nl/Accountant/Nieuws/De+accountan
t+was+gereformeerd+Toeval.aspx

[40] https://nl.wikipedia.org/wiki/Boekhouding
[41] https://nl.wikipedia.org/wiki/Utopie
[42] https://nl.wikipedia.org/wiki/Laisser-faire
[43] https://nl.wikipedia.org/wiki/Verdrag_van_Versailles_(1919)
[44]

https://nl.wikipedia.org/wiki/Duitse_herstelbetalingen_na_de_Eers
te_Wereldoorlog
[45] https://nl.wikipedia.org/wiki/John_Maynard_Keynes
[46] https://nl.wikipedia.org/wiki/Alfred_Marshall
[47] https://nl.wikipedia.org/wiki/John_Maynard_Keynes
[48]

https://nl.wikipedia.org/w/index.php?title=Keynesianisme&printabl
e=yes
[49] https://nl.wikipedia.org/wiki/Marshallplan
[50] https://nl.wikipedia.org/wiki/Liberalisme
[51]

<https://upload.wikimedia.org/wikipedia/commons/thumb/6/6a/Lief
tinck,_dr._mr._P._-_SFA001021015.jpg/266px-
Lieftinck,_dr._mr._P._-_SFA001021015.jpg>
[52]

<https://upload.wikimedia.org/wikipedia/commons/thumb/6/69/Jell
e_Zijlstra_1966.jpg/266px-Jelle_Zijlstra_1966.jpg>
[53] <http://www.gewoon-nieuws.nl/wp-
content/uploads/2013/05/gerrit-zalm2.jpg>

www.ingramcontent.com/pod-product-compliance
Lightning Source LLC
Chambersburg PA
CBHW060037210326
41520CB00009B/1163